最強の井上陽水

陽水伝説と富澤一誠

辻堂真理 tsujido masatoshi

言視舎

【プロローグ】それぞれの決着

二〇二二年の吉田拓郎の引退表明は音楽関係者やファンの間にさまざまな波紋を拡げた。ある者は彼の引退を惜しみ、ある者は潮時だという。

音楽評論家・富澤一誠は同年八月二日付の「毎日新聞」夕刊に次のようなコメントを寄せている。

我々の世代にとって、人生の道しるべみたいな人がラストを迎えるわけです。それを見て、私たちが考えるのは「じゃあ、俺の最後はどうするのか」という問題。

拓郎さんが『お前らも決着つけろ』と言っているみたいな気がしています。

一九六〇年代から七〇年にかけて、ベトナム戦争、学園紛争、安保反対闘争の嵐が日本中を吹き荒れた。「怒れる若者の季節」と称ばれるこの時代に誕生したのが岡林信康の「友よ」だった。闘いに疲弊した若者たちは、憑かれたようにこの歌を口ずさみ、岡林はこの歌で〝フォークの神様〟から〝反体制の英雄〟に祭り上げられた。

マスコミはこぞって彼を社会面でとりあげ、岡林を中心メンバーとする「関西フォーク」は、日本のフォークミュージックに〝思想性〟という新たな価値を付加した。その意味において、岡林の「友よ」はそれまでの和製フォークを〝ただの歌〟から解放した、と富澤一誠はいう。

そして、岡林によって〝ただの歌〟から解放された和製フォークを、さらに若い世代全般に拡散させ、浸透させた立役者が、まさに吉田拓郎であった。

一九七二年一月に発売された拓郎の「結婚しようよ」は、またたく間にヒットチャートを駆け上がり、同年七月にリリースされた「旅の宿」がベストテンの首位を独走。さらに同時発売のアルバム『元気です』は、わずか一ヵ月間で四十万枚を売り上げた。歌謡曲全盛のその時代において、ごく限られた若者層に細々と支持されてきたフォーク音楽がヒットチャートにランキングされること自体、日本の音楽ビジネス史上における快挙だった。その偉業を成し遂げた吉田拓郎を、マスコミは〝フォーク界のプリンス〟と書きたて、賞揚した。

一九七一年七月。ラジオから流れてきた「今日までそして明日から」を聴いて、吉田拓郎というフォークシンガーをはじめて知った富澤一誠は、この曲の詞と拓郎の歌声にたちまち惹かれてしまう。

「拓郎はフォークを歌うという行為によって、何かを摑もうとしているようだった。少なくとも、ぼくにはそう見え、とても眩しい人間に見えた。そのとき、拓郎こそ、ぼくにとって人生の指針ではないかと思った。おそらく、拓郎とて当時は何かを見つけるために精一杯うたっていただけのことだろう。そんな拓郎を見ていて、ぼくは拓郎のように行動を起こさなければならないと決心した」

後年、自著のなかで当時をこう述懐するように、拓郎のこの曲で和製フォークに開眼した富澤は、後に《フォーク評論家》として日本の音楽ジャーナリズムに独自の地歩を築くことになるのだが、ニューミュージックが台頭した八〇年代には、フォークソングの存在意義をめぐって拓郎と息詰まるような丁々発止を展開するなど、音楽ジャーナリストとしての富澤の原点には常に吉田拓郎の存在があった。

その拓郎の引退表明を受けて富澤が発した「決着」という言葉は、きわめて意味深長である。

二〇二三年一月十八日。拓郎と並ぶフォーク界の巨人、小椋佳は《余生、もういいかい》とタイトルに冠したファイナル・コンサートを終えて、半世紀を超えた歌手活動にみずから終止符を打った。小椋本人が「最後のレコーディング」と語るアルバム『もういいかい』も、二〇二一年にリリースしている。

もっとも、小椋自身は「引退」という言葉を一度も使っておらず、今後も条件が整えば年数回のライブをおこなう意志はあるようだが、これも彼なりの「決着」のつけ方に違いあるまい。

このように、かつて一世を風靡したフォーク界のパイオニアたちが相次いで身の引き方を模索するなかで、必然的にクローズアップされている人物がいる。

アルバム『氷の世界』のレコードセールスで日本初のミリオンセラーをうち立て、「心もよう」

で叙情派フォークの扉を開いたスーパースター、井上陽水である。

二〇二二年。一部のマスコミがネット上で陽水の引退説を報じた。スタジオ録音のオリジナル・アルバムは二〇一〇年の『魔力』以降、発表していない。ライブ活動も二〇一九年に《デビュー五十周年》コンサート・ツアーを遂行して以来、音沙汰なし。引退の噂が流れても不思議はないだろう。

一九七二年四月。フォーク音楽評論家としてデビューしたばかりの富澤一誠は、ある行きがかりからアルバム・デビューを間近に控えた無名の井上陽水にインタビューする機会を得る。

このとき陽水本人から手渡されたアルバム『断絶』に収録されていた「傘がない」に衝撃を受けた富澤は、まちがいなく彼の歌が日本の音楽シーンを変えると確信。この曲の最大の理解者たらんと奮起して、さまざまな活字媒体に陽水礼賛の文章を書きまくるのである。

アーティストと評論家――立場は異なれど、奇しくも同時期にそれぞれのキャリアをスタートさせ、マスコミからシラケ世代と揶揄された〝行き先を見失った〟若者たちの代弁者として、富澤の目の前にはいつも井上陽水の姿があった。富澤は三歳年上の陽水を密かに自身のライバルと位置づけていた。

「ぼくが陽水をライバルだと思う理由はひとつである。それはお互い、若者の生き方、青春、人生……を、陽水はレコードで、ぼくは原稿で表現しているからである」

そんな富澤がアルバム『二色の独楽』（一九七四年）を契機として陽水の楽曲から距離を置くよ

うになる。レコード評で陽水の曲を採り上げることも少なくなり、やがて二人は訣別の日を迎えるのである。

陽水は引退宣言なんかしないでしょうね。もともと自分でこう決めたから、こうしたい……ということを公の場で口にするタイプじゃない。むしろ、何もしない、何も言わないほうが陽水っぽい。

そういえば最近、陽水を見ないけど、彼はどうしてるんだろう？　じゃ、スマホでちょっと調べてみようか……。

そんな感じが陽水にはふさわしいと思います。なにしろ尻尾をつかまれるのが嫌いな人だから、最後の最後まで彼は誰にも尻尾をつかませないでしょうね。

そもそも富澤一誠と井上陽水は、なぜ袂を分かったのか？
自身のアーティスト人生に、陽水はどんなかたちで「決着」をつけるのか？
陽水の引退説がまことしやかに囁かれるなか、四十数年間、心の奥深く封印してきた〝かつてのライバル〟井上陽水について、富澤一誠が再び語りはじめた。

最強の井上陽水　目次

第一章 彷徨

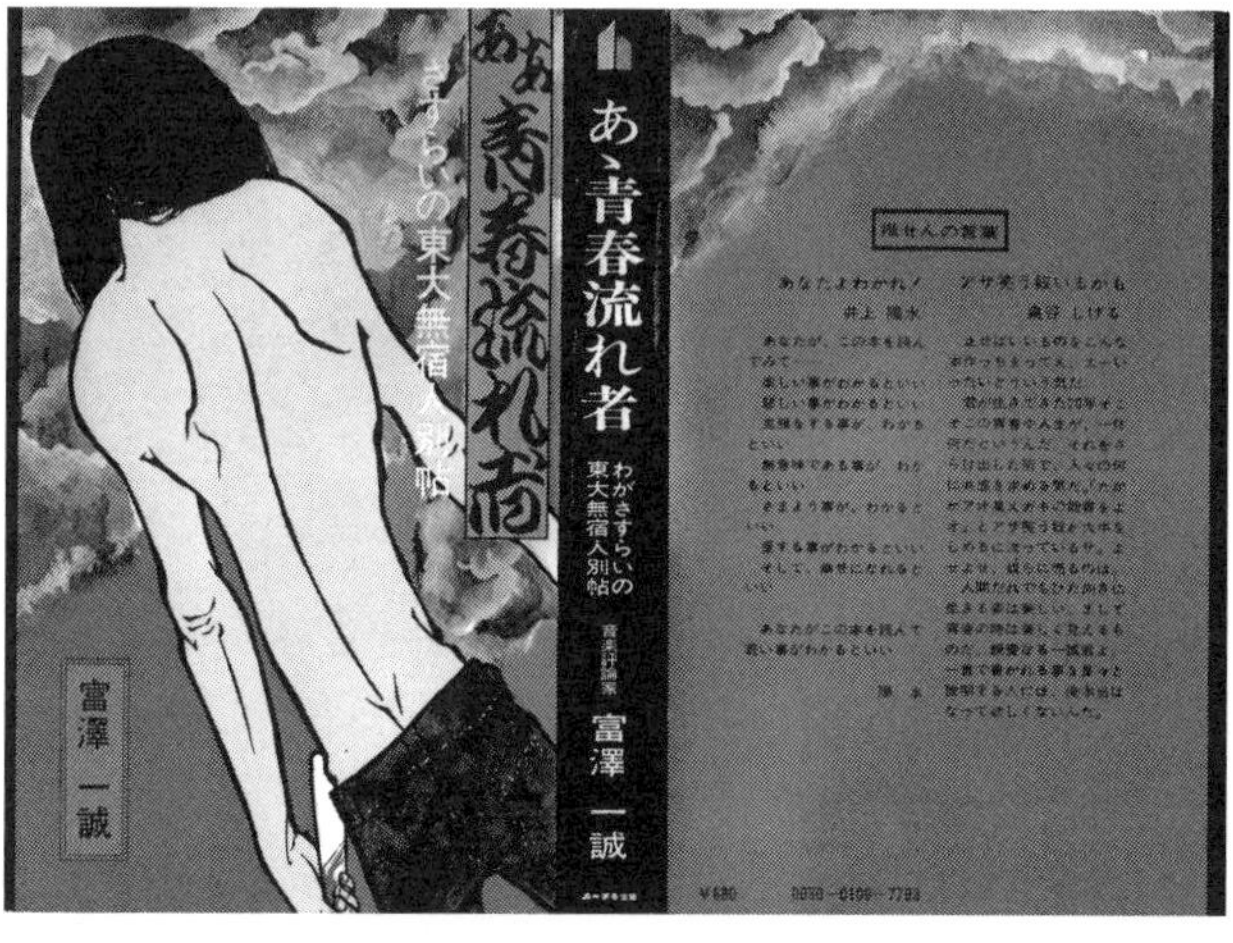

富澤一誠のデビュー作『あゝ青春流れ者』(73 年、ホーチキ出版) のカバーの表・裏。イラストは橋本治。裏には井上陽水と泉しげるの「推せんの言葉」(145 ～ 148 ページ参照) が載る。
帯裏の推薦人には、吉田拓郎、加藤和彦ほかのアーティスト、作詞家、作曲家、レコード会社や雑誌社の幹部などそうそうたるメンバーが並んでいる。

■評論家のジレンマ

文芸、映画、音楽などの芸術・エンタメ系の世界において、評論家の権威が辛うじて命脈を保っていた一九七〇年代。

当時の映画雑誌で健筆をふるっていた飯島正、双葉十三郎、津村秀夫など明治生まれの具眼の映画批評家には威厳を感じたものだった。毛色は違ったが、マスコミの寵児となっていた淀川長治でさえ、ある種の権威であった。

七〇年代の終わり頃の体験だが、ある洋画会社の試写室に潜りこんだ高校生の私はそうとはつゆ知らず、さあらぬ顔で淀川先生の〝指定席〟に腰掛けてしまって宣伝部長から大目玉をくらったことがある。いまはどうだか知らないけれど、四十年以上まえの映画業界には独特の風儀やしきたりといったものが厳然と残っていた。

クラシックの音楽雑誌に眼を転じれば、多士済々の批評家たちが筆を競うように持論や珍論を開陳していた。まだ健在だった吉田秀和、柴田南雄といったインテリゲンチャたちを追撃するように、当時四十代で脂の乗りきった小石忠男、宇野功芳ら中堅批評家たちが繰り出す現世利益的なレコード評は、それなりに斬新で個性的だった。

個性的といえば、後に小澤征爾のエロイカ（ベートーヴェンの交響曲第三番）の演奏を「人気は高いが、味のうすいアサヒ・スーパー・ドライのよう」と斬り捨て、善良なるクラシック・

ファンを唖然・騒然とさせた宇野功芳の存在感と人気度は群を抜いており、自身の趣味性を色濃く反映させた過激な筆致が持ち味だった。ときに「ここまで書いてええんかい？」と読み手が心配になるくらいの歯に衣着せぬ批評（暴言と受け取る読者もいた）のインパクトは、所論の正当性はともかく、やはり魅力的だったのである。

同じ音楽でもポピュラー系の音楽雑誌には権威も刺激もなかったが、私たち万年金欠病の中高校生にはめっぽう重宝されていた。

当時の私は五百円のシングル盤を買おうと思ったら毎号楽しみにしていた漫画雑誌を断念しなくてはならず、二千数百円のＬＰを買うとなればスカイツリーの天望回廊からバンジージャンプするぐらいの覚悟が要ったものだ。そんな財政状況だったので、大枚をはたいて損はしたくなかった。いきおい書店でポピュラー音楽誌のレビュー欄などを立ち読みし、意中のレコードを〝品定め〟するという仕儀となるのだが、ポピュラー誌のレビュー評に宇野功芳ばりの激辛評はまずなかった。大概はベタ褒めで、悪くても「一般のリスナー向きではないかもしれない」といったソフトな表現に終始していたので、実際のところは〝品定め〟の参考にはほとんどならなかった。

文学や美術とは異なり、批評そのものが興行成績やレコードの売上に少なからぬ影響力をもっていた七〇年代以前、映画や音楽の分野で自説を腹蔵なく読者のまえに晒すことはなかなか容易ではなかった。対象作品を批判すること自体、映画会社やレコード会社という大資本に弓を引く行為と見なされかねない状況があった。

小林秀雄や大宅壮一クラスの大身ならいざ知らず、映画や音楽の世界で職業評論家として身を立てていくには、否応なく「業界」と友好関係を維持していく必要がある。映画評論家は一般公開前に作品を見て批評を書く。映画会社はその批評をプロモーションの一助とすることで、企業と批評家は良好な信頼関係を築き上げる。万に一つも、否定的な作品評がメディアに掲載されることがあれば、両者の関係はたちまち険悪なものとなる。そうしたタイプの評論家は映画会社の宣伝部から早晩ネグレクトされるのがオチで、試写室への入場を拒否されるケースさえあった。

音楽業界もまたしかり。演奏評を書くにしても、主催者やアーティストの所属事務所が用意した「関係者席」のチケットをもらっておいて、批判的な文章はなかなか書きづらい。先ほどの宇野功芳ではないが、過去には自腹をきってコンサート会場に足を運び、言いたい放題に書く剛の者もいたが、よほど高名なオーソリティでない限りメディアに採り上げられることはない。そもそも媒体側（音楽雑誌などの商業誌）にとっては主要広告主がレコード会社なのだから、どうしても批判的な新譜評の掲載には二の足を踏まざるを得ないという事情もある。

■相互依存という関係

書いてなんぼ、活字になってなんぼの評論家ビジネスにあって、わけても商品や商行為（レコード、映画興行、コンサート事業など）や、これに付帯した諸事象を批評対象とするエンタメ系評論家にとって、業界との距離感はきわめて重要である。不即不離の関係がもっとも健全とはわかっていても、なかなかそうもいってはいられない。音楽評論家の場合、商業雑誌からレコード評を依頼されれば自然、その内容は好意的な論調へと傾斜していくことになる。

編集サイドの意を汲み、本意を隠してでも〝賞賛〟の文章を書かなくてはならない局面も生じる。ひとたび批判すれば、その原稿はボツになるか、少なくとも編集者から執拗な翻意を促されるのは必定で、これに応じなければ未来永劫、同じ編集者からの原稿依頼は途絶するものと覚悟しなくてはならない。結果、雑誌のレコード評にはおしなべて好意的な文章ばかりが掲載されることになり、そうした評者は、心ある読者から「御用ライター」と揶揄されるハメとなる。

現在にいたるまで、エンタメ系の書き手たちはこうした企業・媒体・評者の三位一体による癒着体質……といって語弊があれば、相互依存関係のなかに身を置いてきた。音楽評論家であれば、生活の資を得るために長いものに巻かれているうち、本当に書きたいものが書けなくなるばかりか、気づけばコマーシャリズムの奔流に丸ごと呑み込まれて、レコード会社やアーティストの顔色を窺いながら、彼らを喜ばせるための詞藻《しそう》に心を砕く毎日となる。生活を優先するか、評論家としての良心を貫くか。自身の抱いた理想が高ければ高いほど、批評家たちは終生にわたってこの宿命的なジレンマに悩まされ続けることになるのだ。

そうしたジレンマを超克したところに真性なる批評が立ち現れるのだとすれば、かつて権威と称《よ》ばれていた批評家たちは、それぞれが自身の信念と倫理観にもとづいた不退転の覚悟によって、目の前に立ちはだかる矛盾撞着を克服した人々ということになるのだろう。もちろん、この覚悟を行使するには幾千万の読者を納得させるだけの知見に加えて、超凡な「審美眼」を具えていなければならない。このような才能を持った評者を、私たちは真性の批評家＝オーソリティと称《よ》ぶのである。

一九七〇年代の初頭、風雲の志を胸にポップス論壇の大海に出帆した弱冠二十歳の青年がいた。その名を富澤一誠という。

東大在学中に音楽評論家として世に出て、後に宿命的なジレンマを超克すべく業界に弓を引くことになる富澤だが、彼が音楽ジャーナリズムの世界に足を踏み入れたのはまったくの偶然だった。

音楽評論家とは何か――その存在すらも明確には理解していなかったのである。

■新譜ジャーナル

一九七一年九月。富澤は下北沢の行きつけの書店にふらっと入り、目についた雑誌を一冊買い求めると、そのまま近くの喫茶店に長居を決め込んだ。

この日、富澤は生まれてはじめてフォーク専門の音楽雑誌「新譜ジャーナル」のページを繰る。こんな雑誌が売られていることさえ知らなかったが、表紙の《岡林信康特集》に興味を惹かれて半ば衝動買いしたような成り行きだった。

一九六八年に創刊された「新譜ジャーナル」は日本初の《和製フォークソング》の専門誌で、版元はロングセラーの「現代用語の基礎知識」や新語・流行語大賞の創設で知られる自由国民社である。

往年のフォーク・ファンの読者には説明不要だが、和製とは「日本国内」のことで、この雑誌以前に日本のフォーク音楽やフォークシンガーの情報にウエイトを置いた音楽雑誌はなかった。その頃の音楽雑誌といえば洋楽の情報が中心であり、歌謡曲やGSのスターならともかく、国内の、それも着古したTシャツに煮染めたようなジーンズ姿のフォーク歌手なんて「お呼びでない！」という時代だったのだ。

そのいっぽうで、同誌が創刊された一九六八年は日本のフォーク音楽史に残るメモリアルな年でもあった。学生運動が盛んだったその時代、社会への反発や反戦を訴える若者たちのなかから、角材やヘルメットで武装しない、社会への怒りや反戦を歌によって伝えようというシンガーが現れた。

この年の一月、長崎の佐世保港にアメリカの原子力空母エンタープライズが入港。その翌月に開催された「第二回フォーク・スクール」というイベントに一人の男が飛び入り参加し、自ら作詞・作曲した風変わりな曲、その名も「がいこつの唄」をはじめ「くそくらえ節」「チューリップのアップリケ」を披露する。彼こそが、後に〝フォークの神様〟と讃えられる岡林信康である。

政治家センセイよ、あんたもいずれ俺みたいなガイコツになるのによ、なんでそんなにデカイ面で偉そうにしてるんだよ。資本家センセイよ、なんで金儲けしたい一心で戦争をしたがるんだよ。お前もいずれ、ガイコツになるんだよ（ガイコツの唄）……一聴コミカルな印象を与えるが、その奥に隠された岡林の強烈な体制批判とメッセージ性は、それまでフォークの主流だった大学生たちの歌うカレッジ・フォークにはなかった鋭い社会性を秘めていた。岡林の歌に衝撃を受けた若者たちは、彼を「反体制の英雄」に祭り上げ、岡林もまた若者たちの期待に応えるように社会性の濃厚な問題作を発表していく。

岡林の登場は日本のフォークミュージックの潮流を大きく変えるものだった。その最大の功績は、岡林の先輩格で関西をホームグラウンドにして活躍していた社会派の高石ともや「受験生ブルース」、ザ・フォーク・クルセダーズ「帰って来たヨッパライ」、高田渡「自衛隊に入ろう」らとともに、日本の音楽シーンにはじめて若者たちによるプロテスト・ソング（抗議の歌）というカテゴリーを根付かせたことだろう。こうして、時代は大学生を中心に伝播していった《カレッジ・フォーク》から《プロテスト・ソング》の時代へと突入することになる。

そうした意味でも「新譜ジャーナル」という音楽雑誌は、まさに日本のフォーク音楽の転換期に創刊されたことになる。ちなみに、これまた往年のフォーク・ファンにとっての必読書だった「ヤングギター」「ｇｕｔｓ」は新譜ジャーナル誕生の翌年（一九六九年）に相次いで創刊を迎えている。

さて、この日、下北沢の喫茶店で新譜ジャーナルのページを繰っていた富澤の心境を一言で表現すれば〝八方塞がり〟であり、出口の見つからない暗い洞窟の底で彼はもがき苦しんでいたのだった。これまで小さな風波はあっても快調にアレグロの青春期をおくってきた富澤の人生譜に急ブレーキがかかったのだ。二十歳にしてはじめて経験する人生のリテヌート（速度制止）といってもよかった。

■歌手か？　進学か？

一九五一年に長野県須坂市で生まれた富澤は幼少より才知に恵まれ、県下随一の進学校である県立長野高校に入学してからは一筋に東大合格をめざす優等生だった。ところが高校二年の冬休み、一日平均八時間（土日は十五時間）という猛勉強からくるストレスで、重度の強迫観念（活字恐怖症）に襲われる。やがて教科書や参考書を開いて活字を追おうとすると、強烈なライトを照射されたように目が眩んでしまうようになる。こんな状態で受験勉強に身が入るわけがなく、成績の順位も乱気流に巻き込まれたジェット旅客機のごとく急降下していった。高校三年の夏休み、富澤は東大受験を断念する。

東大合格がすべてだった。東大に入るためにあらゆる欲望を犠牲にしてきた高校三年間だった。が、目標を失った富澤が次にめざしたもの……なんとそれは〝歌手〟になることであった。突拍子もない方向転換に見えなくもないが、実はこれには伏線がある。

幼少から歌が好きだった富澤が、はじめて人前で歌うことの快感を経験したのは中学生のころ、一九六〇年代の中頃である。テレビ受像機がお茶の間の主役になりつつあったこの時代、一九五九年には日本初の本格的な音楽番組である「ザ・ヒットパレード」（フジテレビ）が、一九六一年になると幾多の人気歌手やヒット曲を輩出した音楽バラエティー番組「夢で逢いましょう」（ＮＨＫ）が放送をスタートさせている。富澤の場合、面差しがたまたま西郷輝彦に似ていたことから（本人の弁）、修学旅行のバスのなかで西郷のモノマネを披露したところが大いにウケて、すっかり気をよくしてしまう。

これがさらに昂じたのは高校一年のときで、文化祭の「芸能大会」に飛び入りで参加した富澤は、二千人の聴衆をまえに西郷輝彦の「星のフラメンコ」を熱唱。凄まじいばかりの歓声（本人の弁）を浴びたのだった。そして、東大受験を断念した富澤の打ち拉《ひし》がれた心に、突如としてこのときの歓声がよみがえってきたのである。進むべき道はこれしかない――。

「俺は歌手になる。歌手になって世の東大生たちを見返してやる！」

小学生のころから資質英明、スポーツ万能の少年として近所の人々や朋輩たちの注目を浴びてきたこともあって、富澤は一般人に倍する自己顕示欲の持ち主だった。人に注目されたい、人前で目立ちたい、もっと自分をアピールしたいという抑えがたい衝動といってもよい。ここに一般の秀才タイプの枠には収まりきらない富澤固有のパーソナリティの特質がある。後に音楽評論家という殻を破って、あらゆるメディアを舞台に全方位的な活動を展開することになる富澤だが、彼がそのときどきに提案してきた独創的なアイディアや果敢な実行力の原点には、他人と違ったことをやって自身の存在感を顕示したいという強烈な自己アピール願望があるような気がする。そうした衝動や願望の萌芽がすでに高校生の富澤には具わっていたことになる。

しかし富澤は歌手の道を諦め、東大受験を選択する。相談した担任教師の衝撃的な発言によって、歌手になりたいという富澤の夢が一瞬にして吹っ飛んだからである。

このあたりの経緯は富澤本人に語ってもらうことにしよう。


歌手になるんだ、と決めたものの両親に打ち明ける訳にはいかなかった。いくらなんでもあまりにも照れ臭く恥ずかしかったからだ。夏休みも終わりに近づいたある日のこと、ぼくは担任の先生に相談することにした。先生は困ったものだというふうな顔をしてから言った。

「長野高校開校以来、歌手になりたいと言って担任の所に相談にきた奴は今まではいないんじゃないかな。いいか、オレの話をよく聞けよ。これはいつか言わなければと思っていたんだが、確かにキミはいい声をしているし、それなりに個性もあると思うが、とにかく音痴であることに間違いない。だから、悪いことは言わない。歌手になるのはあきらめろ」

先生に「キミは音痴だ」と言われて、ぼくはガク然とした。今まで自分のことを音痴だと思ったことは一度もなかったし、他人からも言われたことはなかった。

「先生、ぼくって本当に音痴ですか?」

「ああ、立派な音痴だね。オレのクラスでは、キミと○○が二大音痴だ」

「そんな……」
と、言ったままぼくは二の句が継げないでいた。あまりのショックに言葉を失くしてしまったのだ。
「なあ、富澤や、キミの場合は成績も優秀なんだから、キミの希望通りに東大に行けばいいじゃないか。オレが思うに、歌手になるよりも東大に入るほうがはるかに確率は高いぞ。な、悪いことは言わん。東大に入ってから歌手になることを考えてもいいじゃないか」(富澤一誠『あ、青春流れ者』)
富澤の決断は早かった。先生のいうとおりだ。東大に入ってから歌手になればいいのだ――。歌手への夢をいったん封印した富澤は、東大をめざして再び受験勉強をはじめた。活字恐怖症は続いていたが、まずは東大入学を果たさなければ歌手への道も開かれない。やるしかなかった。浪人だけはしたくなかったので、目標を難易度の高い「文Ⅰ」から「文Ⅲ」に変更し、万全を期すことにした。

■はみ出し東大生の彷徨

一九七〇年三月。東大文Ⅲに合格した富澤は信州の草深い田舎町から上京した。

活字恐怖症と闘いながら、それこそ血のにじむような猛勉強の末にようやく手にした東大生のパスポート。しかし、富澤にはマジメに大学へ通う意志はなかった。所期の目標を果たしてしまったことで、勉学への情熱が急速に冷めてしまったこともあるが、理由はそれだけではない。入学して間もなく、クラスメートのひとりが呟いた「オレたちはどうせ文Ⅲだから……」という自らを卑下するような発言を耳にした富澤は、「文Ⅲ、理Ⅱは東大のなかにあっては〝落ちこぼれ〟であるということ」を痛感する。

やはり東大に入ったからには文Ⅰ（法学部）じゃなくてはならないのか。いまさら志望ランクを落としたことを悔やんでもはじまらない。世間一般の凡夫から見ればなんとも贅沢な悩みだが、幼少期からナンバーワン街道をばく進してきた富澤にとって、クラスメートの発言は恥辱以外のなにものでもない。富澤は「落ちこぼれの東大生」（本人の弁）に甘んじようとしていた自分が許せなかった。「典型的な東大病患者の症状だった……」と、後に富澤は当時を振り返っているが、

「なにが文Ⅰだ、この野郎。だったら文Ⅰに勝ってやろうじゃないか！」

いったん封印した歌手になるという夢がムクムクと頭をもたげたのは、このときだった。「歌手になって有名になろう。有名になって文Ⅰの東大生を越えてやるんだ！」

新聞広告で見つけた歌謡学校に合格した富澤は、大学の講義などには目もくれず、レッスン漬けの毎日をおくる。そんな日々のなかで、富澤はついに、といおうか、ようやく、というべきか、ある致命的な欠陥を歌唱教師から指摘されて、またもやガク然となる。

やっぱり音痴なのである。歌手の必要条件である音感というものが、まるで欠如している。ボイス・トレーニングのプロから引導を渡された以上、今度ばかりは富澤も自身の欠陥を認めざるを得なかった。昨年の夏の担任の言葉が胸によみがえったが、あとの祭りだった。

歌謡学校を三ヵ月で辞めた富澤は、歌手になる夢を捨てた。生まれてはじめて経験する挫折だったが、可能性がゼロとわかったからには次の手を打たねばならない。窮地に陥ったときに富澤がみせる割り切りの素早さは特筆に値する。

そんなある日、当時の売れっ子作詞家、なかにし礼がテレビで「作詞ほど儲かる商売はない」と話しているのを聞いた富澤は、なんと次なる目標を「作詞家」に定めた。

動機は単純でも目標に向かうときの彼の意志力と行動力は群を抜いている。さっそく作詞の入門書や、当時の人気芸能音楽誌「月刊明星」「月刊平凡」の付録だった唄本（ヒット曲や新譜の歌詞が網羅されていた）を手本にして、見よう見まねで書きはじめた。

すでに講義には出席しないカタチだけの東大生だ。時間だけは有り余るほどある。暇に飽かせて一日に三篇、一ヵ月で百篇ほどの詞を書き溜めると、行きつけのスナックのママに紹介してもらった某音楽出版社の専務を訪ねた。ちなみに音楽出版社とは音楽関係書や楽譜などを発行するいわゆる書籍出版社ではなく、作曲家、作詞家の知的財産（著作権）の管理や楽曲の原盤制作などを主要業務とする事業者のことである。

その音楽出版社は六本木の繁華街をはずれた住宅街にポツンと建つ一軒家だった。外観に比して妙に立派な看板がいかにもウサン臭いが、まだ都会擦れしていない山出しの青年に疑念を抱く余裕などない。果たして応対に現れたKという専務は富澤の詞にさっそく目を通すと、「素晴らしい詞がいっぱいありました。精進すれば大きく伸びる才能があるかもしれない。どんどん書いて私のところに持ってきなさい」と、富澤を鼓舞した。

この日のことを「暗い山中で一筋の灯を捜しあてたかのような感動だった」と後に回想しているように、K専務の激励に心を熱くした富澤のそれからの日常は、ただ詞を書くことだけに費やされた。

とはいっても書くものといえば「七五調」の演歌（艶歌）ばかり。フォークソングはまだ一般に認知されておらず、むろんニューミュージックなどという言葉は影も形もない。作詞家修業者の習作といえば演歌があたりまえという時代である。しかし、これが問題だった。

よほどの早熟か天才ならともかく、女の情念や女ごころの襞を唄う演歌を、恋愛経験も社会経験もほとんどない十九歳の大学生に書ける道理がない。それでも富澤は書く。小説や映画から借りてきたセリフと創造力を総動員して演歌らしきものを書き続けた。当時書いた習作の一篇を掲げてみよう。タイトルは「ネオンがえしの池袋」である。

化粧落として　また塗って
涙流して　また笑い

はかない運命と　知りながら
海に溺れて　歩いていく
ネオンがえしの池袋

白い花束　目に浮かぶ
優しい母の　三年忌
行って詫びたい　今すぐに
だけどだけども　もう遅い
ネオンがえしの池袋

夢も見ました　人並みに
家庭もちたい　マイホーム
そんな想いを　ルージュに
こめて歌うわ　今晩も
ネオンがえしの池袋

■フォークに開眼

作詞家の修業時代（といっても数ヵ月だが）に毎日十篇から二十篇の詞を書き続けたという富澤。その根性は見上げたものだが、すべてが借り物の演歌の歌詞である。行き詰まるのも時間の問題だった。

マジメな東大生にもどって、学校の教師にでもなるか？……そんな選択肢もなくはなかったが、当時の富澤にとって、そんな人生はまっぴら御免なのだ。とにかく有名にならなくてはならない。有名になって世間をあっと言わせたい。彼にはそれしかなかった。

そんなある日のことである。ラジオから偶然流れてきた歌に、富澤は度肝を抜かれる。

「私たちの望むものは　生きる苦しみではなく　私たちの望むものは　生きる喜びなのだ　私たちの望むものは　社会のための私でなく　私たちの望むものは　私達のための社会なのだ」

この曲を聴いた富澤は即座に「これだ！」と思った。自分が本当に書きたかった詞はこういうものなのだ。

富澤にとって、まさに福音ともいえるこの曲こそ、岡林信康の「私たちの望むものは」だった。殺す、奪いとる……というような当時の演歌の詞にはまず使われない過激な言葉が頻繁に出てくる。「こんな歌があっていいのか⁉」という驚きとともに、何故だか理由のわからない戦慄が富澤を襲う。これはすごい。自分の言いたいことを言い切っている。そう思うと自然に体がブルブル震え出した。と同時に「オレはどうしてこんなくだらない詞を書いているのだろうか？」と自己嫌悪に陥った。

さらに富澤は、この衝撃的な体験と相前後して、吉田拓郎を知る。

「わたしは今日まで生きてみました　時にはだれかの力をかりて　時にはだれかにしがみついて」とギターを爪弾きながら独白するこの曲に、富澤の耳は釘づけになる。「わたしにはわたしの生き方がある　それはおそらく自分というものを　知るところから始まるものでしょう」

この詞にこそ真実がある。自分自身の心情をこれほどストレートに、しかも簡潔な歌詞によって表現した曲はない、と富澤は思った。フォークという未知の分野に富澤がはじめて足を踏み入れた瞬間でもあった。

この日の経験を契機に、富澤はフォークにのめり込んでいく。そうなると、好いた惚れたの演歌の詞を書き散らしている自分が途端にバカらしく見えてきた。それよりも「岡林や拓郎のように、自分のいいたいことを主張したほうがよっぽど気分がいいし、カッコいい」と思った富澤は、フォーク調の詞を何篇か書いて音楽出版社に持っていった。が、返ってきたのはK専務の辛辣な言葉だった。

「フォークなんか書くのやめなさい。フォークなんか売れやしない。これまでどおり演歌を書きなさい。いつまでもフォークなんて書いていると、私は面倒みないからね」

自信作をけんもほろろに否定された富澤の堪忍袋の緒が、ついに切れる。全身から振り絞るような大声で「わかりましたよ。もういいです。辞めます！」と叫ぶが早いか音楽出版社を飛び出した。

好きなことを書いて認めてもらえなかった悔しさに思わず涙が出た。もう一度もどって許しを請うことも考えたが、やめた。自分の想いが書けないのなら、作詞家修業になんて価値はないと思い直した。

この日、富澤は作詞家への道を断念する。「歌手」に引き続いて、淡い浅春の夢がふたたびシャボン玉のようにはかなく消えていった。しかし富澤の身上でもある、この〝割り切りの早さ〟が彼の人生を思わぬ方向へと進ませることになる……。

■論文で演歌を批判

一九七一年の六月。岡林信康によってフォークに目覚めたこともあって、富澤は朝から晩までテレビやラジオから垂れ流される歌謡曲に対して、日々あきたらなさを感じるようになっていた。短期間とはいえ作詞家修業のなかで感じた歌謡曲への不満もある。そこで富澤は、なぜ歌謡曲がつまらないのか、自分なりに調べて分析してみることを思い立つ。

こうして富澤が自分なりの分析結果をレポート用紙にまとめたものが、『私的歌謡詞論～歌謡曲は未だ出獄せず』と題する全四章からなる大論文だった。かなりの長編なので全文は掲載できないが、エッセンスだけを摘記してみる。

ヒットした艶歌の詞を分析すると、女のことを扱った詞が圧倒的に多い。それも、酒場女、波止場女とか、商売女とか呼ばれている女のことが九分九厘である。

昔の歌も今の歌もテーマはほとんど変わっていない。ただそれがオブラートをかぶせられたりティッシュ・ペーパーで巻かれたり、コンパクトでパタパタ叩かれているだけのことだ。

この種の歌がヒットするということは、取りも直さず、レコードが売れるということである。世にヒット曲と称される程のものは、曲と詞と歌い手と編曲がほど良くなければならないと思う。しかるに、詞が好まれるということはどういったわけだろうか。それは自分の心情にマッチして受け入れやすいということである。先に掲げたテーマ（艶歌で描かれる類型的な女性たち）がより日本人に好まれるということは、日本人の根底には絶望感、あきらめ、悲壮感、淋しさとかいう心情がとぐろを巻いているからではないか。こうした心情が私たち若者にもあることは確かだ。

だから、必然的に歌のテーマもそういったものが大部分となり、そうしてできた歌をそういう心情の人々が買うといった悪循環がなされて、テーマはちっとも変わらない。既成の作詞家はちゃんと売れるテーマで詞を書く。買い手も買い手で長い間の習慣に染まり、自分の心情はこういったものとばかり思い込んでしまい、他のテーマのものは何か爆弾かなんぞのように毛嫌いして寄せつけない。とてもとても悲しいことである。

歌詞を書く場合においても、型にはまったテーマを取り上げるだけでなく、もっと巨視的にものを見、独創性豊かな作品を書かなくてはならない。それを成し得なければ、いつまでたっても、同じテーマ、それもみみっちく汚い感傷的なセンチメンタリズムで終わってしまう。私は最後に声を大にして叫びたい。「歌謡曲は未だ出獄せず」と。

二十歳の富澤の満たされぬ現実と理想、悲憤と気負いの熱量が伝わってくるような鼻息の荒い文章である。

この論文が「THE OTHER MAGAZINE 21」（すでに廃刊）に掲載されると小さな反響はあったが、ただそれだけのことだった。このときの富澤には、何かを書いて身を立てていこうなどという想いも野望もなかった。

しかし、自分が心血を注いで書き上げた論文が雑誌に掲載されたことに、いくばくかの達成感なり満足感を味わったことは想像に難くない。自分の名前が活字となって雑誌に載る。これも彼にとっては内面的自己の発露であり、自己ＰＲのための有益な手段なのだから。

■コンサートの夢破れ

流行歌手の夢破れ、作詞家修業を断念した富澤が悶々とした日々をおくっていた一九七一年を、彼はこう振り返る。

一九七一年は若者文化の台頭期だった。新宿西口広場には自由を求めるフーテンたちがたむろし、長髪族が全盛になりつつあった。そんな若者たちは、彼らにとっての新しい音楽――フォークやロックをいち早く聴きはじめ、いたるところでアメリカの若者たちの影響を受けたロック・コミューン（共同体）を作っていた。

ロック・コミューンとはその言葉どおり、ロック好きな若者たちが集まって共同生活を営むことで、社会の枠からはみ出した若者たちは自分たちのコミューンのなかで自由を謳歌していた。

大学の講義に出席しない、いってみれば〝東大のはみ出し学生〟だった富澤が、そうした若者たちの行動に共鳴したのも当然の成り行きだった。

そんなある日、富澤は当時の大学生の必読書だった週刊誌、「平凡パンチ」の告知板コーナーへ次のようなメッセージを投書した。

《巷にあふれている音楽に不満を持っているキミに一言。久遠の魂の疼きを表現する音楽をめざす、WHAT　MUSICができました。一緒にやってやろうというファイトのある方、連絡を。富澤一誠　東大二年》

久遠の魂の疼き……とは大きく出たものだが、この投書が「平凡パンチ」の一九七一年七月十二日号に掲載されると、二十名を超える読者がコンタクトしてきた。そのなかから、富澤は気の合いそうな同年代の若者たちをピックアップする。ほとんどは学生だったが、彼らと富澤の共通点は「何かをやりたい」という、燃えたぎるような情熱を胸の奥に湛えていたことだ。

学生のあいだに熱病のごとく蔓延した学生運動は七〇年安保を境に急速に収束していき、内ゲバやリンチ殺人を引き起こしたことで大衆から遊離していった。そんな状況のなかで、燃えたぎる若さをぶつけられる対象を希求していた若者たちは、まるで磁石に吸い寄せられるようにフォークやロックに集まってきた。富澤の呼び掛けに応じた若者たちも、フォーク・シンガーやロック・ミュージシャンをめざす者、カメラマンやイラストレーターを志望する者など多士済々だった。

富澤はこのメンバーたちとコンサートを企画する。はじめは岡林信康や、ブレイク前の吉田拓郎を引っ張り出すことを企てたが、スケジュールの都合を理由に断られ、結局は四組のロック・グループが競演する〝対バン〟となった。出演者のなかには八〇年代に再編されて「クリエイション」としてブレイクするブルース・クリエイションもいたが、当時はまだ一般に認知されていないミュージシャンばかりだった。

一抹の不安を覚えないではなかったが、いまさら後戻りはできない。コンサートをプロデュースするには母体となる事務所が必要になる。富澤は信州の父に強談判し、当時の金額で十万円を借りると、東京世田谷の下北沢のマンションの一室に事務所を開設。コンサートに向けて猛ダッシュをかける。不慣れなポスター作りやチケットの発券など、あらゆる準備作業や交渉事はすべて自分たちの手でこなした。もちろん、何から何までがはじめての経験である。

こうして迎えた一九七一年九月十七日。富澤たちのプロデュースした「WHAT ROCK ロックコンサート」が日本青年館で開催された。

しかし、結果は惨憺たるものだった。キャパシティが千四百の大ホールに、客の入りは六百人。悲しいかな、しょせんは素人の生兵法である。成功を期待するほうが無理というものだ。

富澤は二十歳にして興行ビジネスの難しさを嫌というほど味わうことになったが、不思議と後悔はなかった。結果はどうあれ、自分たちの熱い発意によってコンサートを企画し、これをやり遂げたという達成感があった。四十万円（現在の百万円ほど）の赤字をどう補填するか？ それだけが悩みのタネだった。

■俺らいちぬけたくないよ　岡林さん

ここで、再び舞台は下北沢の喫茶店にもどる――。

いささか遠回りをしたが、この日、喫茶店の片隅に長居を決め込んだ富澤の心境――八方塞がりの意味をご理解いただけたと思う。

視界きわめて不良にして心晴れず……。歌謡歌手の夢破れ、作詞家への道をあきらめ、おまけに乾坤一擲の気概でのぞんだコンサート事業にも失敗した。今日も今日とて、四十万円の借金を返済するためのアルバイト先からの帰途なのであった。

しかし、人の運命とは不思議なものである。浮かない顔で買ったばかりの「新譜ジャーナル」のページを繰っていた富澤の視線を、ある記事がとらえた。

それは、富澤がフォークに開眼するきっかけをつくった岡林信康の特集記事だった。ここだけはいいかげんな気持ちで斜め読みするわけにはいかない。それこそ活字を一文字ずつ吟味するように、数ページにまたがる岡林の特集記事に読み入った。そして――。

なんだ、この記事は。こんなことしか書けないのか。こんなのだったら、僕のほうがよっぽどマシな記事が書ける。そんな想いが、活字を追えば追うほど涌き上がってきた。

「これでもプロか?」そう吐き捨てると、僕はその場でボールペンを握り、ポケットの中から今しがた書店の前あたりでもらったコンサートのチラシを取り出し、その裏に書き始めた。

(前掲書)

……以上は富澤自身による回想だが、これまたものすごい鼻息である。つまり、雑誌に掲載されていた音楽評論家諸氏の「岡林評」や「岡林論」のことごとくが、富澤の意に染まないのだ。それにしても、場所柄にも頓着せず、チラシの裏にすぐさま持論を書きはじめるという富澤の衝動にはやや常軌を逸するものを感じてしまう。が、運命の分岐点に立たされた人間は、無意識のうちにそうした行動をとってしまうものなのかもしれない。

まるで何かに憑かれたように一気呵成に書き上げた論文のタイトルは「俺らいちぬけたくないよ　岡林さん」。左はその全文である。

静かな沈黙の後の始動……岡林信康の再々出発〈俺らは大きな期待とかすかな不安を胸に、長い日々を送っていた〉。その全ては彼のアルバム第三集……『俺らいちぬけた』で俺らの前に歴然となったのだ。

「田舎のいやらしさ」ではじまる〈俺らいちぬけた〉が彼の今の心情を端的に物語っている。田舎で生活していると、確かに空気はまだおいしいし、青い空も生きているし、緑もまだあるといった、とにかく、自然環境はこよなく良い。あにはからんや、田舎はそんな甘いもんやおまへん。おせっかいのベタベタ、隣りの家で起こったことが一里四方へ知れ渡り非難ゴーゴー。こんなところに誰が住めますか、ほな俺らいちぬけたと彼は蟻地獄からサイナラしてしまった。そして風に吹かれて町へと。ところが、この町がまたどうしようもない。黄害やら公害やら、はたまたオキシダントやらの物凄い環境、町ゆく人々は他人が死のうが生まれようが、トンと無関心、味もそっけもないリアリズムの無人島……こんなところもいちぬけたと彼は飛びだしてしまった。

さて、岡林さん、あんたはどこへゆくのかいと思っていたら、あんたはうたっていたね。

〝考えてみりゃ俺らも生き物のひとつ　お天とう様がなかったら空気も吸えないんだ　花や鳥

の中に俺を見たんだ　命あるものの流れに沿って今夜町を出よう〟と。そういえば、今まであんたはことごとくアチラ側へ牙をむいて怒鳴っていたね。間違いを指摘し、人々を良い方向へ導こうとしていたね。そして〝人間らしさ〟を回復したがっていたね。今、あんたは、花や鳥の大自然の中でおもいきり深呼吸し、声を張りあげ飛びまわりあんたの好き勝手なことをして、瞑想にでも耽りゃあ〝申し訳ないが気分がいい〟だろうよなあ。

だけど俺らはあんたに言ってやりたいよ。あんた〝それで自由になったのかい〟〝それで人間らしくなったのかい〟と。いくらあんたが現実を逃れて花が咲き乱れ鳥が鳴いている自然に行ってみたところで、それで人間らしくなったのかい。俺もあんたも人間だよな。これは否定のできない事実だよなあ。俺達が人間であること、生きていることを身をもって知ることができるのは、やっぱり対人関係において、複雑な社会機構を基盤に考えてこそ初めて、〝人間らしさ〟を問いうるのではないだろうか。俺達がいくら自然へ帰ってみたところで、現実逃避にしかすぎないのだ。かりそめに自己満足的に自己を回復しても、それは現実社会から一般大衆から隔離したところにおけるユートピアでしかありえないのだ。何ら俺らにとって魅力はない。

人間らしさを回復するのであったら、やっぱり、真の人たる人間らしさを回復せねばならない。それにはどうしたって大きな壁……現実社会、対人関係……を基盤にしてこそ問いうるし、また真に復活させるべきものだ。岡林さん、あんたが自然の中で自己を見つけたって「俺らいちぬけた」「申し訳ないが気分いい」でうたっているね。俺らはまったくナンセンスだと思うよ。俺らはもう一度あんたに問いただしたい。〝本当にそれで自由になったのかい〟あんたがいつぞやそんなふうにうたっていたじゃあないか。あんたは自分のことだけ考えていればいいってもんじゃないのさ。あんたの後ろには何十万という弱い人々がついているのさ。あんたにたよりきった人々が。その人々を裏切るようなことしちゃダメだ。

岡林さん〝俺らいちぬけた〟なんてナンセンスだよ。もう一度考え直してくれ。人間関係、現実社会を基盤にしなくちゃ何もえられないんだ。単なるあんたの頭の中で築きあげた、モロくてはかないユートピアになってしまうんだ。俺らはあんたにそのことだけを強調しておくよ。

まさにフォークの神様＝岡林信康に宛てた抗議状であり建白書である。

岡林は一九七一年八月に『俺らいちぬけた』というアルバムを発表すると、岐阜の山奥へ隠棲するように引っ込んでしまう。それを岡林の現実逃避と受け止めた富澤の怒りが、この熱い文章を書かせた。

岡林の曲によってフォークに開眼し、歌謡曲の作詞家に見切りをつけた富澤にしてみれば、岡林の一連の行動はさぞ許しがたい裏切り行為に映ったことだろう。もっとも、抑えきれない自身の憤懣を文章によって晴らすという富澤のビヘイヴィアは先に紹介した「私的歌謡詞論」をみても瞭《あき》らかだが、この日、富澤が一気呵成《いっきかせい》に書きあげた岡林論は、次の二点においてそれ以上の特別な意味合いを持っていた。

ひとつは、これから述べるように、この論文が富澤のその後の人生を変えたこと。もうひとつは、かつてのカレッジ・フォークからプロテスト・フォークへと日本のフォーク音楽の潮流を変えた岡林信康という人物を否定、もしくは正面を切って彼の生き方に疑義を唱えたことである。

さらに重要なポイントを挙げれば、岡林に先んじて日本のフォーク音楽に革命を起こしたといわれるザ・フォーク・クルセダーズの「帰って来たヨッパライ」の歌詞を援用しながら、当時の若者らしいユーモラスな雰囲気を醸成しつつも、実は後年の彼のフォーク評論の核ともいえる《富澤イズム》のエッセンスが、早くもこの論文のなかに散見されることだ。富澤はいう。「いくらあんたが現実を逃れて花が咲き乱れ鳥が鳴いている自然に行ってみたところで、それで人間らしくなったのかい」「生きていることを身をもって知ることができるのは、やっぱり対人関係において、複雑な社会機構を基盤に考えてこそ初めて、〝人間らしさ〟を問いうるのではないだろうか」と。

とりもなおさず歌（楽曲）は作者（ソングライター）や表現者（歌手・演奏者）の自己表現にほかならない。そこには自己の人生や体験に裏打ちされた主張なり思想がなくてはならない……いや、あってほしい――ある時期まで、富澤のフォーク論の核心をなす考え方を短くまとめれば、こういうことである。

現実を直視しようとしない、あるいは社会から逃避したような見せかけのユートピア論や浅薄な絵空事の世界を歌ったフォーク・ミュージックを富澤は一貫して拒絶した。当時の富澤にはフォーク・ミュージシャンに対する狂信的ともいえる信念――世のフォーク・ミュージシャンはすべからく、自分もふくめた悩める現代の若者たちの代弁者であるべしという願望があったが、それは歌手の夢と作詞家への道を断念してしまったことへの悔恨と慚愧の想い、その裏返しの感情といえるかもしれない。

そして十年後、こうした富澤の揺るがぬフォーク信仰ともいうべき熱い思い入れが導火線となって、あの《ライバル井上陽水》と烈しい火花を散らすことにもなるのである。

■編集長への手紙

チラシの裏に書き殴った岡林信康論を四百字詰の原稿用紙に清書した富澤は、これを新譜ジャーナルの編集長宛てに送りつける。次のような手紙を添えて――。

前略。近頃の「新譜ジャーナル」を読んでいると実に腹立たしい。というのは、そこに書いてある俗に音楽評論家と称する連中のくだらないこと。自分の意見などは爪の垢ほども述べていない。ただこれはこうでこうして、とほめてばかり。いや実に巧みに誤魔化しているといった方が適切かもしれない。ありゃあ解説屋にしかすぎない。なぜ彼らは自分の思ったままのことを述べないのか。悪いものは悪い、良いものは良い、となぜ言わないのか。本当は音楽がわかっちゃいないんじゃないか。ぼくはこういった連中の提灯記事を読んでムカッと頭に血がのぼったので、今この手紙を書いています。

いいですか、編集長。あなたが真のフォーク・ファンのために「新譜ジャーナル」を作っているならば、こういった連中の記事を載せるのはやめなさい。さもなければ、きっといまにフォーク・ファンから見放されることでしょう。そこで提案ですが、こういった連中にかえて、ぼくに一度でいいから、貴誌に書かせてみてはいただけませんか。ぼくには自信があります。絶対に……。ここにひとつ論文を書いて同封しておいたので、ぜひ読んで下さい。自分で言うのもなんですが、これこそフォーク・ファンがのぞんでいるものです。では、お便りをお待ちしています。富澤一誠　東大二年　二十歳。


いくら自信家で自己顕示欲の塊のような富澤青年とはいえ、「ここまで書いちゃいけないよ、富澤さん」と心配になってしまうような全能感まるだしの文章である。しかもこれは、自分の書いた岡林論を貴誌に掲載してほしいという、いわば嘆願の手紙のはず。にもかかわらず新譜ジャーナルの編集方針を批判し、「俗に音楽評論家と称する」プロの書き手たちを臆面もなくコキ下ろしているのだ。これでは編集長にケンカを売っているようなものではないか。その場で破り捨てられたとしても文句はいえないだろう。

しかし、当時の編集長・塚原稔は、富澤の原稿をボツにはしなかった。むしろ、二十歳の若者らしい歯に衣着せぬ過激な文章に惹かれ、富澤という東大生に興味をもった。その背景には、そのころの音楽ジャーナリストのなかに、まだ日本のフォーク・ミュージックに通じた若手のライターがいなかった、という事情があった。これも富澤に幸いした。ちなみに禅には「啐啄《そったく》の機」という言葉がある。鳥の雛《ひな》が孵化する際に、雛が内側から卵を突くタイミングと母鳥が卵の外側を突くタイミングがぴたりと合致することで、塚原と富澤もまた、これ以上は望み得ない絶妙なタイミングで出会ったことになる。

いっぽうで富澤は、いったいどんな想いでこの過激な手紙をしたためたのだろうか。興行ビジネスに失敗し、アルバイトに明け暮れる日々のうっぷん晴らしか、それとも単なる気まぐれか?

私には到底そうは思えない。富澤はチラシの裏に書き飛ばした草稿を、原稿用紙に書き改めている。冷静になって文章の推敲作業を進めるなかで、富澤はひとつの確信を得たのではないか。自分が書いたこの論文は必ずや読者の反響を捲き起こすに違いないという確信であり、同時にそれは、かりそめにも新譜ジャーナルの「編集長」ともあろう人物が、この原稿をボツにする道理がないという、揺るぎない自信でもある。

ときに、音楽ジャーナリストとしての富澤の足跡を仔細にたどっていくと、その卓越したセルフ・プロモーションに何度も驚かされる。幼年時代から承認欲求が人一倍強かった富澤だけあって、自分自身を演出するための高度な技術は並大抵なものではない。

たとえば、手紙文末の氏名の下に添えた「東大二年」という四文字のインパクトである。いまでこそ東大生のライターやタレントなど珍しくもなんともないが、一九七一年当時は事情が違う。

東大出身のシンガーソングライターというだけで小椋佳が注目された時代なのだ。その伝でいえば、自分の論文こそが「フォーク・ファンが望んでいるものです」と豪語する東大生は、やはり特異な存在といえよう。富澤の狙いの一端もそこにあった、と私は推測している。

つまり、極端に語気の荒い投稿論文も、上から目線の手紙も、緻密に計算された富澤のセルフ・プロモーションの素材であり、自己を演出するための「作品」だったのではないか。そんな気さえするのである。

■音楽評論家へ

原稿を投函してから一週間後、富澤は塚原編集長からの手紙を受け取る。

文面は「貴殿の評論をおもしろく拝見しました。ついては一度お会いしたい……」という趣旨だった。あまりに早いリアクションに驚きつつ編集部を訪ねると、想像もしていなかった言葉が編集長の口から飛び出す。

「富澤くん、音楽評論家としてやってみる気はない？　やる気があるなら全面的にバックアップしますよ」

編集長の申し出を富澤は即座に理解することができなかった。あまりに唐突だったし、第一、音楽評論家なる職業の実態すら理解していなかったのだ。が、このときの富澤には返答に逡巡している余裕はなかった。上京してこの方、やることなすことすべてが裏目に出て、まさに八方塞がりのピンチなのだ。なんでもいい、とにかくこの窮地を脱して新天地を開拓しなければならない。

「ぜひ、やらせてください！」

この一言で、富澤の人生が決まった。

一九七一年十月二十五日発売の「新譜ジャーナル」（十一月号）の読者コーナー「私の音楽論」に富澤の投稿論文「俺らいちぬけたくないよ　岡林さん」が掲載されると、編集部には読者から賛否両論さまざまな葉書が数多く寄せられた。

反響のあまりの大きさに編集部は色めき立つ。読書欄だったとはいえ、とにもかくにも新鋭の音楽評論家候補生として出発した富澤に対する編集部の期待値も俄然アップすることになった。

原稿が掲載されて二週間ほどたった頃、富澤はなけなしの一万円札を握りしめて渋谷の古本屋をめぐり、あらゆる音楽雑誌のバックナンバーを買い集める。数にして百二十冊もの分量だ。

音楽評論家としてスタートするにあたって、富澤はある誓いをたてた。やるからには今度こそ絶対に成功してみせる。東大合格の栄光と過去の失敗例から、成功を勝ち取るには用意周到な「傾向と対策」が不可欠であることを富澤は痛感していた。それにはまず現状を把握することである。

「新譜ジャーナル」「ｇｕｔｓ」「ヤングギター」「ミュージック・ライフ」「音楽専科」「フォーク・リポート」……各誌のバックナンバーを読み進めながら、富澤は既成の音楽評論家の「得意分野」を整理し、図式化してみることにした。すると、福田一郎＝アメリカン・ポップス全般、湯川れい子＝エルヴィス・プレスリー、星加ルミ子＝ビートルズ、小倉エージ＝ウェスト・コーストといった具合に、売れっ子評論家のそれぞれが確固たる専門分野をもっていることに気づく。残念ながら、これらの分野に自分の入り込む余地はない、と富澤は判断した。無理して彼らの後を追おうとすれば、どうしたって権威者の後塵を拝することになるだろう。富澤のポリシーがそれを許さなかったのだ。

先にも述べたが、東大に合格して歓喜の頂点に酔っていた富澤が最初に味わった屈辱は、「上には上がいる」という非情な現実だった。それからの彼は「だったら、どんな狭い分野でもいい、その分野でナンバーワンになってみせる！」と考えるようになった。中国の「史記」には「鶏口牛後」〈鶏の口になるとも牛の尻になるな〉という故事がある。日本では「鯛の尾より鰯の頭」ともいうが、ともに〈大きな集団の末端に連なるよりは、小さな集団でも頭目となるほうがよい〉という意味だ。富澤にとっても「頭目」でなければ意味がない。それが彼のポリシーなのである。

一ヵ月の期間を費やして日本の音楽ジャーナリズムにおける評論家の分布図を描き上げた富澤は、そのなかにエアポケットのような空白の領域があるのを発見する。国内のフォークを専門に論じるスペシャリストがいないのだ。たしかに中村とうよう、三橋一夫、田川律、東理夫といった面々がフォークについて書いてはいたが、彼らは洋楽のジャンルにそれぞれ専門分野をもっており、いわば片手間にフォークの評論を書いていたのだった。それももっともな話で、当時はまだ吉田拓郎がブレイクしておらず、国内フォークの専門家ではとてもメシが食えない。あくまでも主役は洋楽なのだった。

このエアポケットに狙いを定めた富澤は、迷うことなく肚を決めた。自分は国内フォーク専門の音楽評論家になる。けっして一般大衆に認知されている音楽とはいい難いが、牛後ではなく、あえて鶏口への道を選択したところがいかにも有言実行タイプの富澤らしい。ナンバーワンからオンリーワンへ――後に彼の評論家人生の指針となるこのスローガンもまた、このときに生まれた。

一九七二年四月。東大に在学中のまま「フォーク評論家」として新たな一歩を踏み出していた富澤は、「深夜放送ファン」編集長の中原雅治からの呼び出しを受ける。編集部に急ぎ駆けつけた富澤に、中原はある新人ミュージシャンの取材を依頼した。

「富澤クン、井上陽水クンって知ってる？　今度ポリドールからデビューするんだけど、実はうちの雑誌に原稿を書いてもらったんだよね、彼に。原稿といっても、彼がコンサートで九州をまわったときに立ち寄ってもらった放送局のリポートなんだけどね。それで富澤クンに頼みというのは、次の号で陽水クンにインタビューしてもらいたいんですよ。今日、地下の喫茶店に陽水クンとマネージャーが来ることになっているから、そこで取材の日取りを決めてほしいんだ……」

寝耳に水の取材オファーに、富澤はただ「はあ……」と頷くしかなかった。

「ところで、井上陽水って誰だ?」「ああ、このまえ雑誌で見かけた、お化けキノコのような髪型の男だっけ?」

富澤はこれから会うことになる井上陽水というシンガーソングライターについて、あれこれと記憶の底を探りはじめた……。

第二章

邂逅

井上陽水のデビューアルバム『断絶』(72年、ポリドール)

■井上陽水って誰だ？

中原編集長から「井上陽水クンって知ってる？」と訊かれたとき、富澤はすぐにその人物を思い起こすことができなかった。

しかし駆け出しとはいえ、仮にもフォーク音楽評論家としてスタートしたばかりの富澤である。「知りません」とは口が裂けてもいえない。

記憶をフル回転すると、そういえば春頃に読んだ「ｇｕｔｓ」の《今年期待のフォーク・シンガー三〇人》という特集記事のなかに、吉田拓郎、泉谷しげる、加川良、なぎらけんいち、古井戸、ケメといったそこそこ知られたメンバーに混じって、井上陽水という名前があったことを憶い出した。もちろん富澤にとっては未知の人物である。どうせ大したヤツじゃないだろう、と読み飛ばそうとしたが、「待てよ、フォーク音楽評論家たる者、たとえ無名の新人でも知っておかなくては」と、一応は記事に目を通していたのだった。とはいっても、朧気におぼえていたのは、まるで〝お化けキノコ〟のようなヘアスタイルだけだったが……。

ともあれ井上陽水という新人ミュージシャンに会ってみようと、富澤は四階の編集室から二階の喫茶店へと階段をくだった。

喫茶店は満席に近い混み具合で、ようやく奥の二人掛けの席に座を占めることができた。

暇つぶしにペラペラと繰っていた週刊誌に飽いたころ、ふと横の席に目をやった富澤は、そこに奇妙な風体の男が座っていることに気づいた。富澤の回想である。

そいつのいでたちは、うす汚れたジーンズにくしゃくしゃ頭、変な奴だなあと思ってチラッと見ると、そいつは、ぼくの方を見てニコニコしている。「オー、気持ち悪い」と思ってサッと視線をずらすと、そいつもサッと週刊誌で顔を隠してしまう……。（富澤一誠『俺の井上陽水』）

そこへちょうど中原編集長が一人の男性を伴って現れ、くだんのくしゃくしゃ頭の男のまえにドカッと腰をおろすと、戸惑い顔の富澤に、

「紹介しておこうね。こちらがさっき話した井上陽水クン。そしてマネージャーの安室克也さん。こっちが今度、インタビューをしてくれる富澤クン」と手短に双方を引き合わせた。

富澤はバツが悪くて仕方なかったが、陽水もしきりにくしゃくしゃ頭をかいている。なんとも気の抜けた対面となったが、世間で〝運命的な出会い〟といわれるものの大半は、えてしてこんなものである。

もっとも、この二人の場合にはそれも詮なきことだった。陽水はまだアルバム・デビュー前。完成したばかりのＬＰ『断絶』の試聴盤をもって媒体まわりをしている最中であり、一方の富澤にしても駆け出しのペイペイもいいところで、誰にも音楽評論家として認知されていなかったのだから。

こうして富澤と陽水の顔合わせは驚くほど呆気なく終わり、取材日と場所を決めたところで打ち合わせはお開きとなった。富澤にとって陽水の第一印象は「身体が大きい割に、小さな声でボソ、ボソッと話す人だな、おとなしい人だな」というものだったが、陽水は富澤にどんな印象を抱いたのだろうか。想像だが、自分と同年代の若手音楽評論家ということに、まずはホッとしたのではないか。あるいは、なんとなく富澤に自分と同類の匂いのようなものを直感で嗅ぎ取り、ある種の親近感を抱いたのではないか。

その意味で、富澤の回想に出てくる「ぼくの方を見てニコニコしている」というフレーズはとても興味深い。そもそも名うての人見知り体質である陽水が見も知らずの人間に「ニコニコしている」こと自体が異例なことであり、さらに想像をたくましくすれば、すでに彼は持ち前の鋭い嗅覚で、隣の席に坐っている若者が将来、自分の音楽人生に深くかかわってくる人物であることを察知していたのかもしれない。

いったいに取材者と被取材者の関係はたいへん微妙でデリケートなものである。いわゆる取材のプロフェッショナルといわれる人たちが被取材者とのファーストコンタクトに全体の八割の精力を傾けるというのも故ある話で、初対面時における対手の〈第一印象〉が取材そのものの成否に深くかかわってくるのだ。その伝でいえば、少なくとも富澤に対する陽水の第一印象は、まずまず良好だったのではないか、と私は思う。この日以降のある一時期、〈自己韜晦の人〉といわれる陽水が、驚くほどフランクに自分の本音を富澤に披瀝することになるからである。

いっぽうの富澤はといえば、先述のようにさほど強い第一印象を残していないように見受けられる。ところが、後に陽水の曲と歌声に驚嘆し、接近すればするほど陽水に没入していくことになるのだから、出会いの妙とは実に不思議なものである。

■アンビヴァレントな性格

井上陽水は一九四八年に福岡県飯塚市幸袋で生まれた。父親の名前である若水から一字をとって陽水と名づけられたが、本名は「あきみ」と読む。

父親が田川郡糸田町で歯科医院を開業したことで、陽水も五歳から高校卒業までの期間をこの地で過ごす。歯科医の息子といえばブルジョアを連想するが、当今の歯科医のような奢侈な生活ではなかったようだ。

「田舎の歯医者で、炭鉱町でしたから、実際お金を持って歯を治すという患者は少なくて、だいたい生活保護とかいう感じでカバーするんで、(自分の家に)そんなにお金があったような気がしないですね」(『par AVION』終刊号/一九八九年)

と陽水本人が回想するように、出生地の飯塚も育った糸田町も筑豊の炭鉱地帯である。折からの炭鉱不況で失業者も増え、治療代の払えない炭鉱関係者やその家族も少なくなかったが、仁術の人だった父親は、そうした手許不如意の患者に対しても熱心な治療を施していたというから、その分、井上家の生活は質素にならざるを得なかったのかもしれない。一方で当時の一般家庭には珍しく、写真屋さん（カメラマン）を家に呼んで家族写真を撮らせていたというエピソードも残っているので、文化的な水準はけっして低いものではなかったようだ。

陽水が自身の声を意識するようになったのは小学校時代といわれる。小学四年生のときにクラス担任の教師から〈クラス一の美声の持ち主〉と賞賛され、町が主催する「のど自慢大会」に出場して喝采を浴びた。ちなみにこの大舞台で披露した歌は覚えたばかりの文部省唱歌「母の歌」（野上弥生子作詞／下総皖一作曲）だった。

学業のほうも歌と同じぐらい優秀で、小学校時代の成績表には四と五が並び、学級委員にも推されている。このあたりは富澤の幼少期と重なるが、「将来は歌手になりたい」という願望はその頃の陽水には露ほどもなかった。漠然とではあるが、いずれ歯科医師になって父の仕事を継ぐものと心得ていたようで、父親もそれを強く望んでいた。

強いて富澤との共通点をもう一点だけ挙げるとすれば、陽水もまた幼少期からスポーツに万能だったことだろう。学業が優秀でスポーツ万能とくればクラスの人気者と相場が決まっているが、かといって他人を見下すようなタイプではなく、クラス担任の証言によれば「運動の苦手なクラスメートにはバットの握り方を手取り足取り教えるような神経のこまやかな少年だった」という。

いわゆる一流といわれている古今東西のミュージシャンには運動神経の発達したスポーツマンが少なくない。陽水の場合には生来の身体能力の高さが、はからずもデビュー後のステージで身を助けることにもなるのだが。

こうして幼少期の陽水のエピソードを並べてみると、いかにも優等生とのイメージを受けるが、本人にはそうした意識はなかった。むしろ母親に命じられた手伝いをサボるのにズル賢い手段を用いたり、いい子でもないのにいい子を演じている自分に嫌悪感を抱いたこともあったようだ。

「おふくろと姉が、筑豊の言葉でずるいということを〝おろい〟というんだけど、この子はおろいというわけ。だからこんどはそのことを必要以上に意識するようになって、まちがっても、井上はなんかごまかしてるなとか、嘘をついているなとか、絶対に人に思われちゃいけないと考えるようになったわけよ。どんなちいさなことでも、たとえば本を借りたら必ず返すとかね」（海老沢泰久『満月　空に満月』）

そうした複雑な性格について本人は〝陽水〟という名前に関係があるのではないか、とも語っている。

「陽と水というのは、いってみれば、あったかいと冷たいという両極端の意味じゃない。その二つが一緒になっておれの名前になっているわけよ。（中略）どうしたってその両極端の意味を持ってる名前を意識するよね。嘘つきだけど真面目だという面のほかにも、おれはいろいろな性格を持ってるからね。すごくはたらきものだけどなまけものだとか、約束は守るけど無責任だとか、よきパパだけど最悪の旦那だとか。絶対にそれは（名前に）関係があると思うよ」（前掲書）

やや自虐的なトーンではあるが、陽と水に絡めてさりげなく自身のアンビヴァレントな性格を独白しているこの発言を、私たちは軽々に笑い飛ばすべきではない。なぜならば、彼のアンビヴァレント（ある対象に対する肯定的な感情と否定的な感情の併存）が、しばしば不可解にみえる井上陽水のライフストーリーと彼の作品を理解するためのキーワードにもなるからだ。

■ビートルズの衝撃

陽水少年はよく人前で歌声を披露した。

町内会のバス旅行や父親に同行した歯科医師会の慰安旅行などでは美空ひばりのヒット曲を歌った。ヤンヤの喝采を浴びれば気分だって悪くはなかったろう。

後年になって「子供の頃の体験というのは、大なり小なりぼくの人間形成を決めちゃったような気がしますね」（『ＴＹＰＨＯＯＮ』一九七八年）と語っている陽水だが、さすがにその頃は将来の自分が音楽の世界に身を置くことになるとは想像もしていなかった。そうした選択肢は地方の炭鉱町にはなかったし、父親の職業を継ぐことがきわめて妥当なルートと考えていたからだ。頭脳明晰な陽水少年なら、歯科医になるのもけっして不可能なことではなかっただろう。

しかし、中学生になると成績が目に見えて崩れはじめる。

思春期になると誰でもそうだが、茶の間に家族が集まって、たとえば一家に一台のテレビを見ながら団らんに浸るという場面にある種の鬱陶しさを感じるものである。それもあってか、中学生になった陽水少年は自室で過ごす時間が多くなる。ジャーナリストの塩沢茂に陽水の母が語ったところによると、陽水が父親に「ぼく、お父さんの跡を継ぐよ」と宣言したのも、ちょうどその頃だったという。

しかしながら、自室に閉じこもった陽水少年は歯科医をめざして猛勉強をはじめた……わけではなかったらしい。ラジオでアメリカン・ポップスを聴く楽しみに目覚めてしまったのだ。

「『九五〇〇万人のポピュラー・リクエスト』（文化放送系）というラジオ番組があってさ。レコードの売り上げランキングを掲載しているアメリカの『キャッシュ・ボックス』という雑誌があるんだけど、それを参考にしながら、アメリカではいまこういう曲がはやってますなんていってやってたわけ。それを聴くようになったんだよ」（海老沢泰久『満月　空に満月』）

また、コニー・フランシス、ポール・アンカ、パット・ブーン、ニール・セダカといった当時の人気歌手の曲も毎日のようにラジオから流れていた。もともとは姉の影響で洋楽を聴くようになったというが、いつの間にか陽水少年自身もアメリカン・ポップスに惹かれるようになっていたのだ。その代償なのか、学校の成績は次第に下降線をたどるようになる。

こうして迎えた中学三年の春、陽水少年は彼のその後の人生に多大な影響を及ぼすことになる〝運命的な出来事〟に遭遇する。ビートルズである。

その日もいつものように「九五〇〇万人のポピュラー・リクエスト」を聴いていた陽水少年は、その週のヒット・ランキングの〝一位から五位を独占した〟ビートルズという英国人グループの存在に衝撃を受ける。すでに彼らの歌う「プリーズ・プリーズ・ミー」は聴いていた。この曲は陽水少年がいままで聴いてきた他のどんな曲とも違っていた。その彼らが全米の音楽シーンを席捲したことを知った陽水少年は、この日を境に自他ともに認める狂信的ともいえるビートルズ信奉者となる。

こうしてビートルズに心を奪われた陽水少年は、彼らの楽曲のほとんどが彼ら自身の手で作詞・作曲されていることを知って、さらに驚く。日本の歌謡曲やポップスは言うに及ばず、当時のアメリカン・ポップスにしても一部の例外はあったにせよ、楽曲の大半がソングライター（作家）とシンガー（歌手）の分業で成り立っていたからだ。

ビートルズは、自分たちの想いや感情を自分たちの言葉で、自分たちの歌声で表現する。これに対して既成のポップスは、青春とか希望とか夢とか、いかにも大衆ウケするモチーフをまるで鋳型にはめこんで大量生産したような、予定調和的な世界といえなくもない。単純に両者の優劣を論じることはできないが、少なくとも当時の若者たちがパターン化されたポップスに食傷していたことは間違いないだろう。もとより演歌の世界などは何をか言わんやで、この状況は手垢のベタベタついた演歌の作詞を自らの意志で拒絶した、富澤のメンタリティーにも通じている。

後年、陽水も演歌に対するある種のアレルギーについて、「いかに自分が不幸か、いかに自分が貧乏か、いかに環境がひどいか、生い立ち、そこらへんをベースにして歌いあげるということが演歌の基本にあるとすれば、その方法論というのは、日本独自のどうしようもないものなのかもしれないけれども、これもつめて話して白黒つけろというと、黒ですよね。それは実際、とことん弱くて、叫ばざるを得なかった状況だとは思うけれども、やっぱり人間として〝私はこんなにひどいの〟という提示のしかたというのは、ちょっといけない提示のしかたと思いますね」（『par AVION』終刊号／一九八九年）と発言している。

つまり悲惨な環境や薄倖な身の上を嘆くような歌は、大嫌いなのだ。めったに自身の本音を明かすことのない陽水にしては珍しいケースだが、私はこの発言をシンガーソングライター＝井上陽水の《マニフェスト》だと思っている。

その根拠は、デビュー後の陽水作品に耳を傾けてみれば瞭《あき》らかだ。第二次フォークブームの勃興期に隆盛した「四畳半フォーク」といわれるきわめて私小説色の強い作風を、陽水は徹底して忌避した。やや私小説ムードの漂う「心もよう」においてさえ〈さびしさのつれづれに手紙をしたため〉ても、〈三畳一間の小さな下宿〉や〈横町の風呂屋〉といった描写はまちがっても登場しないのである。

そうした陽水のメンタリティーは、少年時代の記憶――斜陽化する石炭産業のなかで苦吟する炭鉱従事者たちの姿とけっして無関係ではあるまい。

■切り札

一九六四年、県立西田川高校に入学後も、陽水のビートルズ熱は冷めるどころか、日毎にヒートアップするばかりだった。

レコードは金回りのいい同級生から借りて、英語の勉強という名目で父親に買ってもらった中古のテープレコーダーに録音したものを繰り返し聴いた。必要な情報などもラジオや雑誌から収集し、気づいたときには一廉のビートルズ・マニアになっていた。日本武道館の来日公演はテレビで観た。周囲に自分ほどのマニアのいないことが不満といえば不満だった。

やがて友人の兄が使っていた中古ギターを手に入れた陽水は、水を得た魚のごとく譜面を見ながらビートルズの曲を歌いまくるようになる。

友だちには出せない高音部を難なく歌いこなせたことも、密かやな自信につながった。すでに述べたように、小学校時代からのど自慢大会やバス旅行で得意の歌声を披露しては聴衆の賞賛を浴びてきた陽水だが、ビートルズを知り、ビートルズの曲を歌いこなせる自分に対して、余人にはない特別な「才能」を意識するようになったのもこの頃のことだった。

高校二年のときの修学旅行では、バスの車中で「抱きしめたい」「イエスタデイ」などのビートルズ・ナンバーを披露。アンコールにはプレスリーの「ラブミーテンダー」を熱唱して、大絶賛を浴びる。前出の塩沢茂の取材に担任教師は「井上君が家には内緒でビートルズの歌を真剣に覚えているとの情報は摑んでいましたよ。しかしねえ、あれほどうまくなっているとは知らなかった。正直いって、呆気にとられましたよ」と、このときの印象を語っている。素人の域を超えた陽水の歌唱力に、よほどの衝撃を受けたのだろう。

こうして陽水はビートルズという「切り札」を摑んだ。

富澤はいう——。

様々な分野で平均点を取るよりも、たとえ狭い分野でも、その世界でナンバーワンになることが大切なのだ。いくら平均点が良くても、総合点で一番になれなければどうしようもない。だが、総合点で一番になることは難しい。そう思ったとき、ぼくはどんな狭い分野でもいいからナンバーワンになって、これだけは他人に負けないという「切り札」を手に入れようと思ったのだ。（富澤一誠『音楽を熱く語るたびに夢が生まれた！』）

富澤が国内のフォーク・ミュージック専門の音楽評論家という「切り札」を摑んだように、陽水もまたビートルズという「誰にも負けない切り札」を摑んだ。しかし、この切り札が本領を発揮するのは数年先のことである。

さて、こんなふうにビートルズ漬けの日々をおくっていた高校時代の陽水だが、さすがに彼らの音楽について二十四時間ずっと考えていたわけではない。昼間はバスケットボールや野球、卓球などのスポーツに汗を流し、校内の水泳大会では水泳部員顔負けの活躍をみせて体育の教師を驚かせてもいる。ちなみに高校では弓道部に所属していたが、動機は「練習がおだやかそうで、女子部員が多かったから」だという。入学当初は野球部への入部も考えていたようだが、「野球部員が校庭でウサギ跳びをしているのを見て、強制されることに嫌悪感を抱いた」ので、入部をとりやめた。

イデオロギーを振りかざしての体制批判には、公私ともに一貫して距離を置いてきた陽水だが、組織とか集団とか、なにかを「強制」する対象には本能的な厭悪《えんお》を感じてきたようだ。後にシンガーソングライターという、いわば一匹狼の道を選んだ理由を問われて、「毎朝七時に起床して会社にいけない人間だから」という迷言を残す陽水だが、本音は「体制というものに対する気持ち悪さ」と「強制されることへの本能的な嫌悪感」だったのかもしれない。

■メロディーが降ってくる

学業もスポーツもそつなくこなす文武両道タイプ、おまけに身長が一八〇センチに近い偉丈夫で、しかも稀有な美声の持ち主とくれば、女子生徒にモテないわけはない……と、誰もが思うだろう。

ところが意外にも、自信家でありながら衒いを嫌うアンビヴァレントな性格の陽水にふさわしく、自身の口から「異性にモテた」というエピソードが語られたことはほとんどない。しかし、同級生の証言をつなぎ合わせてみると、高校時代の陽水は多くの女生徒たちから注目される存在で、交際の申し込みも絶えなかったという。そりゃそうでしょう、と私などは納得するが、当の陽水は異性との交際に消極的で、校門のまえで声をかけられても黙ってやり過ごしていたらしい。

実はこれには理由があった。同級生に意中の娘がいたのだ。彼女の家でテープレコーダーに録音したビートルズの曲を一緒に聴いた。彼女もビートルズが好きだと思うと、とても嬉しい気分になった。そして、彼女に自作の曲をプレゼントすることを思いつく。もちろんはじめての経験だったが、自分でも信じられないぐらいメロディーがすらすらと浮かんだ。詞は、放課後の教室の窓から彼女が帰宅する情景を見ている自分の心象を思い浮かべながら書いた。こんな詞である。

「きみの手に握られた／カバンを見つめて／笑顔で見送る／心はさびしいんだ」

恋する高校生らしい、微笑ましいほどシンプルなラブソングではないか。もちろんレコード化はされていないが、ラジオ番組やコンサートで何度か披露されているので、聴いたことのある陽水ファンは多いと思う。稚拙といえばそれまでだが、これが井上陽水の事実上の処女作となる。

が、この曲を聴いた彼女のリアクションは「さすがに、何これ？　という顔はされなかったけど、さほど喜ばれもしなかった」（海老沢泰久『満月　空に満月』）ようだ。むしろ曲をプレゼントされるよりも、指輪とか服をもらったほうが彼女は嬉しかったのではないか、と陽水は当時を振り返っている。

しかも、このエピソードにはオチがつく。「彼女もきっとビートルズ・ファンに違いない」と信じて疑わなかった陽水だが、実は彼女が好きな歌手は布施明だったという。陽水にとっては、こちらのほうがよほどショックだったかもしれない。ちなみに、私はこのエピソードを思い返すたびに陽水の初期の名曲、「感謝知らずの女」をすぐに想起してしまうのだが。

というわけで、曲をプレゼントすることで彼女の歓心を買おうという陽水の企ては失敗に終わるが、このときの体験によって、彼はある手応えを摑んだのではないか。

自分でも信じられないぐらいメロディーがすらすらと浮かんだ、と本人が述懐するように、それは「作曲という創作行為が自分にとってそれほど苦ではない」という体験の最初だった。

デビュー直後の陽水は「三十分もあれば一曲できる」と豪語しているが、さらに想像をたくましくすれば、モーツァルトやシューマンといった楽聖がしばしば語っていたような、ある高度な音楽的才能の持ち主に共通する体験――「メロディーが降ってくる」という境地を、このときに陽水も体験したのではないか。そんなふうに感じられてならない。

芸術家やミュージシャンにはこうした経験の持ち主が少なくない。坂本龍一も証言しているし、山木康世も「思えば遠くへ来たもんだ」を作曲した際、武田鉄矢の詞を電話で書き取りながら「ほぼ同時に曲が完成した」と私に話してくれた。

後の陽水も折に触れてボブ・ディランの言葉を援用しながら、「すでに宙にいろんなものが浮いているんですね。メロディーなり詞なり、音楽が……。それをいかにちゃんと摑まえるかっていうことなんです」（『新譜ジャーナル』一九八二年一月号）と発言している。

■浪人生活

一九六七年、案の定というべきか陽水は福岡県立九州歯科大学の受験に失敗。案の定と書いたのは、ビートルズとスポーツと恋にうつつを抜かしていれば入試に落ちるのも当たり前と、誰だって思うからだ。陽水自身も受験失敗の理由に「ビートルズ、女性、性的不安」（自筆年譜うれいの年表）の三項目を挙げているが、高校では数学と英語がトップクラスであり、まったくの合格圏外にいたわけではなかった。とはいえ、この年の九州歯科大の志願倍率はなんと三十二倍。これでは歯が立たなくても当然というべきだろう。

こうして陽水は足かけ三年におよぶ浪人生活へと突入するのだが、このときは落胆するよりも解放感のほうが強かったようだ。というのも北九州市小倉の予備校へ入るため、生まれてはじめて親元を離れることになったからである。自身「早く家を出たいと思ってたからね。浪人だろうと何だろうとそれが実現することになったわけだから、すごく嬉しかった」（海老沢泰久『満月空に満月』）と語っているように、地域の閉鎖性や人間関係の煩わしさ、親のくびきから一日も早く逃れたいと念じていたようだ。

糸田町に比べれば小倉市は大都市である。それだけに歓楽のための施設には事欠かない。ましてや伸び盛り遊び盛りの十八歳。人一倍、好奇心が旺盛な年頃でもあり、都市部ともなれば悪所への誘惑もそれなりに多くなる。ご多分に漏れず、陽水がパチンコやマージャンに血道を上げるようになったのも当然の成り行きといえよう。類は友を呼ぶというけれども、予備校の寮で仲良くなった〝同好の士〟と雀卓を囲み、彼らと連れだっては授業をサボってパチンコ屋へと直行する毎日がはじまる。

ここで、陽水と「大人の遊戯」について一言しておくにしよう。

彼が〝超〟のつくほどのマージャン好きであることはつとに知られているが、その淵源は小学校時代にありそうだ。母親の証言によると、陽水は幼少期からマージャンを打つ父親の姿を見てきており、十一歳の頃にはすっかりルールや役を覚えていたという。晴れて自由の身となった予備校時代に、マージャンへの興味が一気に花開いたのかもしれない。

陽水の人生において、ビートルズとマージャンは切っても切れない関係にある。しかし、マージャンなどの大人の遊戯に耽溺して身を持ち崩すということはなかった。

「トランプなどのバクチはやらないし、競馬、競輪もやるチャンスはないしね。でも勝負事は好きですよ。……バクオっていうのかなあ、そんなに才能はないでしょうね。勝つと、どうも相手に悪いっていうか、申し訳ないような気がしてね。精神的に不安定な状態になってしまう。こんな精神を持っている限り、勝負事には向いてないと思うね」（塩沢茂『井上陽水　孤独の世界』）と語る陽水だが、勝負事に向いてないと自覚しながら、なぜ雀卓に向かうのか。

後年の陽水にはマージャンの取り持つ縁で多士済々の芸術家や文化人との間に幅広い交誼が生まれ、やがてこのときの経験が彼の生き方や創作に少なからぬ影響を及ぼすことになる。陽水にとってのマージャンとは、人間観察の場でもあった。ともに卓を囲んだ吉行淳之介、阿佐田哲也といった文人を観察することで、陽水は彼らから〝大人《たいじん》の流儀とダンディズム〟を学んでいたのではないか。この場合のダンディズムは〝粋〟と言い換えることもできるが、つまり野暮ではないという意味である。

浪人生活に話を戻すと、ここで忘れてはいけないのが、ビートルズである。いくらパチンコやマージャンで受験勉強を疎かにしても、さすがにビートルズだけは片時も忘れたことがなかったようで、自宅から持ってきたお宝のテープレコーダーとラジオで彼らの曲を聴くことを怠らなかった。

　これまた当然の成り行きというべきか、陽水は翌年の福岡歯科大の受験にも再度失敗。自筆年譜には「原因＝ビートルズ、女性、パチンコ、マージャン」とあるが、ここに記された「女性」が誰なのかは不明。前出の塩沢茂の取材によると、同じ予備校に通っていた高校時代の同級生が「高校時代に知った顔の女性が（陽水の）寮を訪れていた」のを目撃したという。とすれば、陽水が処女作を贈ったあの女性だろうか？

　ともかくも再度の受験失敗を契機に、陽水は小倉から福岡市内の予備校へ転校する。心機一転、放恣な生活から抜け出るために環境を変えたかった……と書けば誠に見上げた志であるが、どうやら真相はそうではなかったようだ。遊び仲間だったメンバー全員が入試に合格し、一人だけ小倉に取り残されてしまったという淋しさもあったが、それ以上に、この時点で陽水はすでに歯科大受験へのモチベーションをほぼ喪失してしまっていたのではないか、と私はみている。とすれば、陽水にとっての福岡行きは両親を欺くための方便であり、ある意味の〝時間稼ぎ〟だったと思われるのだ。

　何のための時間稼ぎなのかと問われれば、将来の自分が音楽を生業として生きていけるかどうか、その決意を自身に問うための時間を稼ぐことである。それはとりもなおさず、再度の受験に失敗したとき、すでに陽水はミュージシャンとして生きたいという、漠たる想いを胚胎していたことを意味する。

■帰って来たヨッパライ

ひとつのきっかけは小倉時代にラジオから流れてきたフォーク・クルセダーズの「帰って来たヨッパライ」だった。この曲を偶然耳にした陽水は、即座にこの曲のアイディアとカラクリを見抜く。ちょうど同じ頃、富澤一誠もこの曲に衝撃を受け、後年、北山修（現・きたやまおさむ）にこんな質問を投げている。

富澤　とにかく聴いたことがないような新鮮さに驚いて、「これはすごい歌だ」と思ったんです。初めて聴いた当時は、どうやって作ったんだろうと不思議に思いました。誰もやったことのないような歌の素材の新しさ、常識破りのサウンド、テープの早回しで人間の声を変えるというアイディア。その新しいことを大学生がよく思いついたなと思うんです。

北山　加藤和彦が言うには、最初に「夢に見たヒルビリー天国」（I Dreamed of a Hillbilly Heaven）というウエスタンの歌があった。天国に行くと死んだいろんなミュージシャンと出会える、あるいは神様たちのようなミュージシャンに出会える、でもそれは夢だったという曲がもともとあったらしい。（テープを）早回転にしたのは、チップマンクス（アメリカのグループ）という人たちが早回転のレコードをもうすでに出していましたから、私たちミュージシャンとすれば、早回転すればああいうことになるのは知っていたんです。で、テープレコーダーが目の前にあったから早回転してみた。このテープレコーダーも妹が英会話用に使っていたレコーダーなんですよ。（きたやまおさむ・富澤一誠『「こころの旅」を歌いながら』）

テープを早回転すると声のピッチが高くなるというカラクリを、ミュージシャンでもない小倉の浪人生が見抜いたのは、ほかならぬ陽水自身がテープレコーダーの機能に通暁していたからだろう。

また、陽水はこの曲のアイディアがディズニー・アニメの「チップとデール」の声（やはりテープを早回転している）をヒントにしていると思ったらしい。しかし、ここで問題にすべきはそんな枝葉末節ではなく、この曲のカラクリを見抜いた陽水が「この程度の歌なら俺にも作れる！」と確信したことである。

「いま考えると、自分でも恥ずかしいぐらい思い上がりをしてたとしか言いようがないんだけど、それで自信を持ったわけよ。彼らの手品の背景がわかるということは、おれの能力や知識のレベルも彼らとそう変わらないということだと思ってさ。これだったら、おれだってやれると思ったわけ。だから基本にはビートルズがあるんだけど、日本で最初に刺激を受けたのは『帰って来たヨッパライ』なんだよ」（海老沢泰久『満月　空に満月』）

やや先走った物言いになるけれども、その後さまざまな曲折と浮沈があったとはいえ、結果において、このとき陽水が抱いた〝思い上がった自信〟は、けっして〝思い上がり〟ではなかったのだ。

その伝でいえば、ビートルズ同様「帰って来たヨッパライ」が百八十万枚を越えるミリオンヒットを記録していなければ、後のスーパースター井上陽水は存在しなかったかもしれない。

■政治への意識

ミュージシャンになるという「現実に近い夢」を胸底に秘めた陽水が、博多の予備校で謹厳な浪人生活を送っていたとは到底考えにくい。いくばくもなくパチンコ屋通いは再開され、寮で懇意になった友人とは映画や音楽談義に花を咲かせた。そのいっぽうで沖仲仕《おきなかし》のバイトで稼いだ金で、念願の「十二弦ギター」を手に入れたとの証言もあることから、音楽修業にも次第に熱が入っていった。愚推の域を出ないが、この頃にはギターの練習と並行して、相当数の習作曲を書き溜めていたのではないかと思われる。

この年（一九六九年）、陽水の周囲では学生運動が断末魔の叫び声をあげていた。一月には八千五百人の武装した機動隊らが最高学府の雄、東京大学へ大挙して出動。およそ三十五時間の激闘の末、ついに本丸の安田講堂が陥落した。この事件を契機に政治の季節は急速に終焉へと向かう。

時を同じくして、東京新宿の西口広場に「フォーク・ゲリラ」が忽然と出現する。作家の小田実を中心とした「ベトナムに平和を！　市民連合」（ベ平連）が地元関西で催行していた反戦デモ――参加者が手に花を持ち、ギターで歌いながら歩く「花束デモ」が東京に伝播。東京フォーク・ゲリラが誕生したのは二月のことだった。

それ以来、フォーク・ゲリラの面々は毎週土曜日に西口広場に集合してフォークを歌い、歌を媒介として人の輪を拡げていく。ゴールデンウィークの頃になると、参加者の数は数千人にまで膨れ上がり、その光景はさながら巨大な歌声喫茶の様相を呈する。そこで主に歌われていたのは岡林信康の「友よ」、高石友也の「機動隊ブルース」（受験生ブルースの替え歌）、高田渡の「自衛隊に入ろう」といった関西フォーク陣営のプロテスト・ソングであった。そうした光景が一変したのは六月のことだった。道路交通法を盾に取った機動隊が集会参加者と激突し、これ以降、フォーク集会は事実上の解散に追い込まれる。

こうした社会の動きを陽水自身はどのように感じていたのだろうか。自分とほぼ同世代の若者たちを取り巻いていた状況と、彼らのアクションについての想いである。が、これに対する陽水の答えは「新宿の地下街ってのはちょっと異様だった。新宿の地下っていうのは、ぼくは一生マスターできないだろうと思ってたもん」（五木寛之・井上陽水『青空ふたり旅』）、「体制のなかに順応してしまうタイプで、政治には関心がない」（塩沢茂『井上陽水　孤独の世界』）と素っ気ない。

また別のところでは「全共闘みたいな動きは何も知らずにきちゃった」と発言している陽水が、やがて《政治への無関心》をコンプレックスのひとつに挙げるようになり、政治と社会に否応なく向き合わざるを得なくなるのは、数年先のことである。

■カンドレ・マンドレ

一九六九年の春。陽水はいよいよ自分の身の振り方を決するというシビアな状況に追い込まれていた。すでに三度目の受験には失敗していたが、これは当初から覚悟していたことなので落胆はない。

が、父親はまだ息子が歯科医を継いでくれるものと期待していた。三度目も不合格だったと知っても、「陽水《あきみ》はまだ若い。一年や二年遅れたってどうってことはない」と、望みを繋いでいたのだが、実際のところは自身の白内障がかなり進行していることもあり、一日も早く家業を継いでほしいというのが本音のようだった。

そうした父の本心を知ってか知らずか、陽水は自分の進路問題に黒白をつけようと焦っていた。かたちのうえでは三浪生活に入ってはいたが、このままでは来春の受験に合格する道理はない。またもや父の期待を裏切ることは火を見るよりも瞭《あき》らかなのだ。

もはや歯科大への入学を諦めていた陽水は、自分の生きる道が音楽の世界しかないことを自覚していた。歌唱力には自信があった。できれば尊敬するビートルズのように自身で作詞・作曲した歌をみずからの声で表現したいのだが、実際にそんなことが可能だろうか。そうした迷いも捨てきれなかったが、「帰って来たヨッパライ」の大ヒットが彼の逡巡を確信に変えた。これなら俺にもできる。

四月。陽水はRKB毎日放送の「スマッシュ‼イレブン」に、自作自演の楽曲を録音したテープを持ち込む。

同時期に九州エリアで放送がスタートした深夜のラジオ番組「スマッシュ‼イレブン」とKBC九州朝日放送の「歌え！若者」は、ミュージシャン志望の若者たちにとっての登竜門的な番組で、チューリップ、海援隊、甲斐バンドなど、後に日本の音楽シーンをリードするミュージシャンを多数輩出することになるのだが、当時はまだ番組の黎明期に当たっていた。

桜が満開の深更《しんこう》である。浪人仲間に促されるようにRKB毎日の社屋を訪れた陽水は、「スマッシュ‼イレブン」のプロデューサー・野見山実にテープを手渡す。相手が野見山でなかったら、あるいはその後の陽水の人生は変わっていたかもしれない。

まるで一ヵ月も風呂に入っていないような小汚い風体の若者から渡されたテープを、ともかくも野見山はその夜のうちに聴いた。そして、その声と音楽的センスに度肝を抜かれる。

「音に魅せられて、すっかり昂奮してしまったんです。陽気だが、何か寂しげなところがあってね。その発想が面白かった。いや、面白いというより、スゴイと思ったな」（前掲書）

野見山が聴いたのは、「カンドレ・マンドレ」という摩訶不思議なタイトルの曲だった。〝カンドレ・マンドレ　サンタリ・ワンタリ　アラホレ・ミロホレ〟という呪文のような言葉を唱えて、二人で「夢の国」へ行こう、というメルヘンタッチのラブソングである。ビートルズの「オブラディ・オブラダ」に着想を得たというが、淋しいことなんてひとつもない愛と夢の世界にあこがれる主人公の心情には、荒んだ浪人生活からの脱出を希求していた陽水の逃避願望が透けて見えるようだ。

素朴なメロディーラインながら、伸びやかなハイトーンのボーカルとハーモニーの美しさは際だっており、一聴した野見山が瞬時に心を奪われたのも無理はないだろう。もちろん、これは想像であって、当夜に野見山が聴いたデモ音源を私たちが聴くことは不可能なわけだが、後の製品盤から類推すれば容易に納得できよう。

ちなみに楽曲制作に造詣が深い読者ならすぐに疑問を抱かれるかもしれないが、ビートルズばりのハーモニーは二台のテープレコーダーを駆使した多重録音によって完成させている。今日のデジタル技術からすれば、まさに手作業による労作といえるだろう。ついでに一言しておくと、プロ・デビュー後の陽水はレコーディングに、グレン・グールド並みのこだわりをみせたアーティストである。

より高い完成度をめざすのはアーティスト（真正アーティストという意味である）の常だが、ときにその完璧主義が周囲を困惑させ、制作スケジュールに大きな番狂わせを生じさせることにもなる。グールド同様、井上陽水の真骨頂はレコーディングにある。彼はステージの人ではない。

さて、どこの馬の骨とも知れぬ一浪人生のデモテープに驚倒した野見山だが、そこから彼がとった行動はまさに電光石火と呼ぶにふさわしい早業であった。まずはリスナーの反応をみるために「カンドレ・マンドレ」を番組で流すことに決めた野見山は、陽水を局のスタジオに呼んでこの曲を再レコーディングする。多重録音で作成されたデモテープの音質があまりにも悪かったからだ。放送局とはいえ、陽水にとって商業施設での自作録音はもちろん初体験である。にもかかわらず、物怖じもせずにお宝の十二弦ギターをかき鳴らしながら熱唱する陽水の姿態は、さながらプロフェッショナルの貫禄だったという。

■東京へ

再レコーディングされた「カンドレ・マンドレ」が番組で流れると、野見山の想像を超える反響がスタッフルームに押し寄せる。再放送を希望するハガキが大半だが、なかにはこの曲を「生で聴きたい!」という声もあった。アマチュアの楽曲にリスナーがここまでの熱狂を示したケースは野見山にとってもはじめてだった。

「葉書の枚数は、三十枚か四十枚くるとずいぶん反応がいいなとぼくらは判断するんです。少なくて五枚か六枚。それが『カンドレ・マンドレ』を流したときには六十枚以上きたんですよ」

(海老沢泰久『満月　空に満月』)

これは異常事態である。ただごとではないと野見山は思った。が、その裏には陽水が企てた周到な〝権謀〟があった。曲が放送されると、陽水はなけなしの金を叩いて買い込んだ百枚のハガキを浪人仲間たちに配り、「カンドレ・マンドレ」をリクエストするハガキを書かせたのだった。

とはいえ、聴き巧者の野見山がハガキの多寡だけで陽水の音楽性を判断するはずはない。未完成ながらも陽水に具わった、天賦の楽才に心を奪われたのだ。このような人物を具眼の人というのだろう。

陽水の将来性を確信した野見山は、設立間もないＣＢＳソニー（現・ソニー・ミュージック）の中曽根皓二ディレクターにデモテープを送る。その返事を待つあいだ、陽水にはプロのギタリストをつけてギターを習わせ、自ら糸田町の両親を説得する役目も買って出た。

中曽根ディレクターからの返事は早かった。六月にレコーディングし、秋にはレコード・デビューさせたいという。これにはさすがの野見山も驚いたが、ＣＢＳソニー側にも事情があった。大ヒットしたカルメン・マキの「時には母のない子のように」に続く、有望なアーティストと楽曲を探していたのだ。折しもその網へ、福岡の浪人生の歌う「カンドレ・マンドレ」なる摩訶不思議なタイトルの曲が引っかかったというわけだ。所属事務所も放送局のツテで、大手のホリプロダクションに決まった。

あまりにも急な展開だったが、陽水は迷うことなく東京行きを決めた。

「その時点で、歌をやるってことは自分のなかで決まってましたからね。スムーズにそっちの方へ歩き出した。親父の心情とか、わかろうはずもないし、表面的には、相当悲しいだろうな、との思いはあったけど、（そのときは）自分のことしか頭になかったです」（『ＴＹＰＨＯＯＮ』一九七八年）と当時を回想する陽水だが、もちろん両親は息子の東京行きに反対だった。コネも何もない田舎の青年が生き馬の目を抜く東京で、ましてや芸能界で成功する道理がない。そう考えるのはもっともなことだし、父親は息子が歯科医を継いでくれる夢をまだ諦めていなかった。しかし、決意を固めた息子を力ずくで阻止することもできず、最後には折れるしかなかった。

それでも父親は、旅立つ息子へこんな餞の言葉をおくったという——一曲吹き込んだら帰ってくるんだな。音楽がダメでも、おまえには別の生きる道がある。

この言葉を陽水はどんな想いで聞いたのか。浪人生活の長いトンネルを抜けて、東京に一条の曙光《しょこう》を見出した彼の耳に、もはや父の言葉が届くことはなかったのだろうか。

けっしてそんなことはなかったと思う。おそらく親の期待を裏切ったことに対する、身をよじるような痛みを感じていたのではなかったか。

後年、新聞社から受験生へのアドバイスを求められた陽水は、まるで呪詛のようなソリッドな一文を寄せている……。

「僕は手助けになる言葉を何も持たない。しっかり苦しみなさいとしかいえない。僕はホントにしっかり苦しんだから」(『毎日新聞』一九七五年)

一九六九年の初夏、ミュージシャンへのパスポートを手にした陽水は故郷の福岡を旅立つ。

ちょうど同じころ、信州須坂の高校生・富澤一誠は、受験勉強のストレスからくる強度の神経症に悩まされていた。彼もまた、東大受験をあきらめて、歌手になる道を真剣に模索していたのである。

第三章 ライバル

富澤一誠『俺の井上陽水』(75 年、KK ロングセラーズ)

■陽水君の年は来年じゃない？

一九七二年四月。井上陽水との顔合わせを済ませた富澤一誠はアパートへ帰ると、あのクシャクシャ頭の不思議な風貌の青年について想いをめぐらせた。図体がデカイ割に小さな声でボソボソ話す。それでいて、どこか憎めないような本然の人懐っこさがあって、なんとも摑みどころがない。あれが有望なシンガーソングライターの新星なんだろうか？

なんとなく気乗りしないままに手渡されたデビュー・アルバム『断絶』の試聴盤に針を落とした富澤だったが、一曲目を聴き終わったときには早くも陽水の歌声に引き込まれていた。

「あの声にまず驚いた。透き通るように伸びる高音ですね。あんな声の持ち主は当時のフォークシンガーにはいませんでしたから。いや、日本人の歌手にはいなかったんじゃないかな。まずこの声にグッときたんですよね……」

このアルバムには十二曲が収録されているが、富澤はタイトルチューンの「断絶」と「人生が二度あれば」、そして終曲の「傘がない」の三曲がとくに気に入った。なかでも「傘がない」に心を鷲づかみにされたのだった。

いったいこんな曲を書く井上陽水という若者は、どんな人間なのだろう。どんな人生を歩んできたのだろうか。富澤は陽水に俄然興味を惹かれた。取材が楽しみだった。

一週間後、待ち合わせ場所である青山の喫茶店に早めに行くと、すでに陽水はマネージャーの安室克也と雑談を交わしていた。一度会っているせいか、陽水の表情からは初対面のときのような硬さは消えていた。

ほどなくしてスナックに移動すると、リラックスしたムードのなかで取材がはじまる。そうして、お定まりの話題で数分が過ぎたころ、あらためて向き直った陽水がおもむろに口を開いた。

「……『断絶』聴いてくれました？　感想はどうですか？」

なんでも正直に話そうと意を決した富澤は、本音でしゃべりはじめた。

「うん、聴いたよ。ぼくは好きだね。特に《断絶》《人生が二度あれば》《傘がない》なんて最高なんじゃない？　でも、こんなこと言っちゃ悪いんだけど、売れるということを考えてみれば、今年はまず駄目だと思うよ。陽水君の年は、きっと来年じゃない？」

今にして思えば、ぼくもずいぶんなことを言ったものだ。「売れない」と面と向かって言われれば誰だっていい気はしないだろう。そんな相手の気持ちも考えなかったのだ。

実際、陽水も少し怒ったような、悲しいような真剣な顔つきになり、

「ねえ、どうして今年は駄目だと思うの？　その辺を詳しく聞かせてくれない？」と言うのだった。

陽水にこう鬼気迫る迫力で言われたのなら、答えなければなるまいと思って、またまた調子

にのって一気にしゃべりまくったのであった。

「なぜっていうと、今はたしかにフォーク・ブームだけれども、いわゆる人気のある人をあげていけば、吉田拓郎でしょう。それに加川良、高田渡、三上寛、遠藤賢司、泉谷しげる、古井戸、小室等と六文銭でしょう。この人たちの音楽性を考えてみれば、いわゆる音楽というよりも自分の好きなことをいかにして言うかということに焦点がかかっているでしょう。そしてラブ・ソングというよりもメッセージ・ソング。つまり、拓郎なら拓郎なりの主張がモロに表現されていて、また聴くほうもそういったものを望んでいるわけですよ。いわば、オピニオンリーダー的というかな、そういうイメージを望んでいるのね。

ところが陽水君の歌は、《断絶》を聴いたところだと、いわゆるメッセージ・ソングではないでしょう。どちらかというと、ラブ・ソングだし、また、それとも違うような……だからこそね、今年はメッセージ・ソングのブームだから駄目なのよ。来年になったら、たぶんそういった傾向も変わるから、そのときは陽水君の年になるんじゃない?」

黙って聞いていた陽水は、ポツリと一言「なるほどね、そういう考え方もあるのか……」と言い放った。（富澤一誠『俺の井上陽水』）

■「傘がない」に共鳴

心やすだてから、陽水本人を目の前にして「今年は売れない」と断言してしまった富澤だったが、けっして口から出まかせの発言ではなかった。

ベトナム反戦、学園紛争、安保反対闘争……怒れる若者の季節から登場したフォークの神様＝岡林信康。若き闘士たちは、昨日まで歌っていた革命歌「インターナショナル」を捨て、デモや集会で岡林の「友よ」を大合唱した。この歌で、岡林は反体制の英雄に祭り上げられ、彼を中心とする関西フォークは若者たちに支持されていく。彼らの歌は政治や社会への不信、体制批判をテーマにしていることから「プロテスト・ソング」ともいわれた。

しかし、既述した東大の安田講堂陥落を契機に学生運動が鎮火へと向かうにつれて、プロテスト・ソングもまた次第に精彩を失っていく。その空隙を埋めるように登場したのが吉田拓郎だった。

七二年一月二十一日に発売された拓郎の「結婚しようよ」は瞬く間にヒットチャートを駆け上がり、ベストテンに突入する大ヒット曲となる。マスコミは彼を《フォークのプリンス》と囃し立てた。

吉田拓郎の最大の功績は「岡林信康がフォークを〝ただの歌〟から解放したとすれば、それを受けた拓郎はフォークをさらに若者全体に浸透させたことだ」と、富澤はいう。

拓郎の歌は個のメッセージの表出であり、社会や政治を声高に批判するようなプロテスト・ソングとは明らかに一線を画していた。彼の歌は、それまでのプロテスト・ソングに食傷を感じていた、政治に感心の薄い大多数の若者たちの心をも摑んだ。岡林や高石友也のフォークが《我々のための歌》だとすれば、拓郎の歌はまぎれもなく《私のための歌》であり、前者に対して拓郎の歌は《メッセージ・ソング》とも称ばれた。

では、井上陽水の歌はメッセージ・ソングではないのか？　でなければ何なのか？

富澤は陽水本人をまえに、収録曲「傘がない」について、さらに熱く語りはじめる。

「ねえ、陽水君。「傘がない」という曲があるよね。この歌は、ぼくは正直いって『断絶』というLPのなかで、いちばん好きなんだ。その歌を聴いていると「なんかわかるなぁー」っていう気がするんだ。ほら、〝都会では自殺する若者が増えている。今朝きた新聞の片隅に書いていた〟という出だしで始まるじゃない。まったくそのとおりなんだ。ぼくら若い世代は世間で政治・社会問題に無関心とされているけれども、そんなことはないよね。新聞がくればちゃんと読むし、テレビ・ニュースだって見るし、それが都会では自殺する若者が増えている、という社会問題であったって、選挙だって、沖縄問題にしたって、たしかに無関心じゃないよね。関心はあるよね。でも、しょせんは〝だけども問題は、今日の雨、傘がない〟なんだよね。つまり政治・社会問題に関心はあるんだけれども、なんの力もないぼくらにできるのは、いや、必要なのは傘がないという現実問題の方なんだよね。この政治・社会問題に対する現実問題のうしろめたさ、やるせなさ……わかるな、本当にわかるなぁ。

ぼくらは正直いって、何をやっていいのかわからないのね。政治問題にしたって何にしたってね。ぼくなんかもそうだったんだけど、大学に入ったはいいが、何の目標もないまま入ったので、とにかく自分は何かをやりたいのだが、何をしていいのやらわからない。みんな、そうじゃないかな……」

富澤の熱弁を水割りを舐めながら聞いていた陽水は静かにうなずくと、こう呟いた。

「うん、ぼくもそうだと思いますよ。みんな丘の上の墓標が霧なんかかかっていて見えない。だから、何をしていいのやらわからないでウロウロしている……」（前掲書）

■ぼくらはシラケ世代ではない

このあと二人は評論家とアーティストという仕事の領域を越えて語り合う。話題は青春論や人生論にまで及んだ。そうして富澤は、井上陽水という未知のシンガーソングライターにますます惹かれていくのだが、そのきっかけはやはり「傘がない」という曲の衝撃度の強さと共感であった。富澤はいう。

「井上陽水という人はフィーリングで世相とか時代の空気というものを感じとってしまうんですね。そこがまずスゴイと思った。『傘がない』にしても、このテーマはある意味であの頃の若者たちにとって永遠のテーマだった。それをすんなりと歌にしてしまう才能。驚くというか恐縮するほかなかったですよね……」

ここで富澤は、陽水を語るうえで重要なポイントをはからずも指摘している。

「傘がない」は発売当初から、いわゆるシラケ世代を象徴する歌であるという批評が主流を占めてきた。音楽評論家だけでなく、ジャーナリストや知識人と称ばれる人々もそうした視座から、この曲を新聞や週刊誌で取り上げた。「シラケ世代」とは、団塊の世代と新人類世代に挟まれた一九五〇年から五九年に生まれ、「全共闘世代の反動として、政治に対して沈黙を守った、この世代の一時期の姿を評したマスコミ用語」（福井次郎『1950年代生まれの逆襲』）である。富澤の場合は学生運動が沈静化したころに東大へ入学している。マスコミは彼らの特徴を、無気力で何事にもシラけた態度をとる世代であるとしきりに報じていた。これに対して当時の富澤は、自分たちがシラケ世代というレッテルを貼られることに烈しい拒否反応を示している。


ぼくらは〝ものごころ〟がついてからいつも〝乗り遅れて〟きた。時代とともに列車に乗っていい思いをしたのは、いつもぼくらより上の世代、いわゆる昭和二十年代前半生まれのぼくらの兄貴にあたる人たちだ。そんな兄貴たちが〝熱い〟思いをしているときに、ぼくらはその輪の中に入っていけなくて、いつもまわりで地団駄を踏んでばかりいたのだ。

　そして、やっとその輪に入れるようになったかと思えば、もう兄貴たちはどこかへ行ってしまっていて、そこにあるのは兄貴たちの使い古したレコードであり、ギターであり、ステレオ、雑誌だった。その意味では、ぼくらは完全に〝末っ子〟であり、いつも兄貴たちの後にいて常に〝主役〟にはなれなかった。

　ぼくらは一様にそういう〝末っ子の悲哀〟を持っているからこそ、乗り遅れた悲劇の運命か、自分たちが本当に〝主役〟になれるときでさえ、その波にすぐ飛び乗ることなく、それを目の前にしてクールにながめてしまう傾向があった。本当は跳びたくてしかたがないのだが、原体験として跳んだことがないので、かつてそうしたように対象を前にしてただながめてしまうのだ。

だからこそ、そんな跳べないぼくらを称して（マスコミは）〝シラケ世代〟と言ったのかもしれない。それはある意味ではあたっているが、ある意味ではあたっていない。ぼくらは前人未踏の対象物に遭遇したときに踏み切れない。そんなぼくらをはたからながめていると、確かに損しているように見えるかもしれない。だが、ぼくらには〝末っ子〟なりのしたたかな計算がある。ぼくらは兄貴たちの姿を見ていて、彼らの失敗も成功も見てきた。それゆえに、ぼくらは兄貴たちのような〝失敗〟は絶対にしない。常に計算をして、損をすると思えば波をただ見送り、得をすると思えば一気に乗る。そんな〝したたかさ〟をぼくらは持っているつもりだ。

ぼくらは決して〝シラケ世代〟ではない。これまで時代に〝乗り遅れていた〟ために、いったんながめてしまう癖がついているだけだ。

だからこそ、〝シラケ世代〟とマスコミに言われるたびに、ぼくは反発を感じていた。〝シラケ世代〟というより、甘さとしたたかさを兼ね備えた〝末っ子世代〟と呼んでほしい、と。

（富澤一誠『あゝ青春流れ者』）

富澤は、増加する若年層の自殺よりも傘がないことを問題にする「傘がない」を、社会問題に無関心なシラけた若者たちの心象を描いた歌、とは受け取らなかった。「政治・社会問題に関心はあるんだけれども、なんの力もないぼくらにできるのは、いや、必要なのは傘がないという現実問題の方なんだよね。この政治・社会問題に対する現実問題のうしろめたさ、やるせなさ」を告白した歌であることを、さまざまな解釈による批評が世に出るまえにすでに感得していたのである。

いっぽうの陽水は、この曲の成り立ちについて、グランド・ファンク・レイルロードの「Heartbreaker」（ハートブレイカー）にインスパイアされたこと、詞についてはビートルズの「A day in the Life」（ア・デイ・イン・ザ・ライフ）がヒントになったと語っている。

さらに、この曲と学生運動との関係について、後にジャーナリストの筑紫哲也のインタビューにこう答えている。

「若い時って、誰でもそうかもしれないですけど、理論武装ができなくてもアンテナというのを肌合いみたいなものでつかめるんでしょうね。で、後で考えると、ああなるほど、こういう理屈で当時考えていたのかなあと思うんですけど。そこらへんで、音楽って、やっぱりすごいのかもしれない。理屈じゃなくて、感じでやっちゃうところだから」（『朝日ジャーナル』一九八五年二月八日号）

例によって一読しただけでは真意を摑みかねる陽水特有のコンテクストではあるが、どうやら

「傘がない」という曲は社会批判とか世代論などといったような、明確なメッセージ性を持った曲ではないということだ。しかし後から考えてみれば、その当時に肌で感じていた時代の空気感のようなものは、意識しなくとも自然に楽曲に反映されているのではないか、という文意なのだろう。

そして、陽水の発言中にある「理論武装ができなくてもアンテナというのを肌合いみたいなものでつかめる」というコメントは、富澤が指摘した「井上陽水という人はフィーリングで世相とか時代の空気というものを感じとってしまう」とまったくイコールである。政治の季節のフォークシンガーとは違って、陽水はけっしてアンガージュマン（社会参加型）の人ではない。が、その一面をもって「傘がない」を〝現実逃避の歌〟と解釈するのは浅薄に過ぎよう。

パチンコ、マージャン、ビートルズに打ち込んだ足かけ三年におよぶ浪人生活のなかで、陽水は同じ九州の佐世保で起きた原子力空母エンタープライズの寄港阻止や、ヒートアップする学生運動をチラ見しながら過ごした。しかし、だからといって彼が政治や社会問題に無関心だったかといえば、けっしてそんなことはなかったと思う。

かつて黒澤明は「自然に撮っていれば、それがテーマになる。ことさらにプラカードを掲げるのは嫌いなんだよ。それでも自分の撮った作品には、今の世の中に対してぼくが考えていることが自然に出てくるものなんだ」と語ったが、創作者のメンタリティーとは本来そういうものではないか。

映画でも音楽でも文学でも、創作者のアンテナが受信した時代の空気感のようなものは、溶解され、スクリーニングされて、通奏低音を形成するのだが、主旋律に耳を奪われると聴き逃してしまうことがあるので注意を要する。いずれにしても、純度の高い創作行為に「理論武装」など不要なのである。

さらに、ここで一言付け加えておくならば、井上陽水という人はそもそも自分の楽曲をめぐって第三者が発する多種多様な「解釈」をオープンに受け入れる人であることだ。それはあたかも、リスナーに独自の解釈を喚起させるような表現を提供しておいて、それをリスナーがどう解釈したか、場合によってはどのように「曲解」されているかを自ら愉しんでいるようにさえ映るのである。

追って詳しく述べるつもりだが、作者のそんなふうな〝企み〟でも想像しなければとても腑に落ちないようなキテレツな……といって悪ければ〝摩訶不思議〟な曲が、八〇年代以降の陽水作品には頻出するからである。

■ライバルとして

アーティストと音楽評論家という職域を越えて、一夕陽水と親しく語り合った富澤は、ますます井上陽水という新人ミュージシャンにのめり込んでいく。

暇さえあれば『断絶』を聴いていたが、自室にこもって独りで聴いているのにあきたらなくなった富澤は、行きつけの喫茶店に音楽好きの友人を招集して、試聴会を催す。音楽評論家としては、やはり一般リスナーの反応を知っておきたかったのだろう。

「富澤センセイ、すごくいいよ。特に『傘がない』がいいね。あの間奏、チャンチャン、チャチャーンというギターはグランド・ファンクの『ハートブレイカー』に似ているけど、いいよな」

「どうもフォークは嫌いなんだけど、陽水のはサウンドとしても確かに聴けるね。それに歌が抜群だよ」

「この陽水だっけ？　彼はすごくビートルズの影響を受けているようですね」

洋楽にも通じた音楽通を集めただけあって、参加者からはなかなか鋭い感想が飛んだ。実際、批評も関連記事もほとんど出ていなかったこの時期に、「傘がない」のサウンドが「ハートブレイカー」にインスパイアされたことや、数曲を聴いてビートルズの影響をズバリ指摘したところなど、さすがに聴き巧者ぞろいである。

このほかにもさまざまな感想が出たが、ほとんど全員が洗練されたサウンドや音域の広いボーカルを絶賛したことに、富澤は驚いた。この頃の富澤は毎月一回、新譜の私的試聴会を開いていたが、参加者全員が口を揃えて賞賛するというケースはかつてなかったからだ。

ときに、映画業界ではスニーク・プレビュー（覆面試写会）といって、タイトル・ストーリー・スタッフ・キャストなどをいっさい隠して試写会を開き、一般観客のリアクションを観察することがある。レコード会社でも、かつてはマスコミ関係者を集めての試聴会がしばしば開かれたものだが、これを一人でやってしまうところが、いかにも行動派の富澤らしい。

私的試聴会の結果を見て、富澤は陽水の際立った音楽性と才能をあらためて確信する。と同時に、はじめて「傘がない」を聴いて以来、ずっと心の奥底に澱のように沈んでいた〝ある命題〟が、またぞろ浮かび上がってくるのだった——。


……それはなにかというと、さっきも言ったことだが、政治社会問題に対して現実問題を先行させなければならない、うしろめたさ、やるせなさ。これをもっとぼくらの問題としてとらえれば、なにかをやりたいのだが、なにをやったらいいのかわからないといった、どうしようもなさであった。この《なにか》を、ぼく自身見出さなければいけない。

陽水もきっと今頃見つけ出そうとしているだろう。

だが、この「傘がない」を聴くたびに、《なにか》とはなにか？……と考え込んでしまうばかりだった。

ぼくには、どうしてもその《なにか》がわからなかったのだ。

その《なにか》がわかるまで、ぼくは陽水にますます固執していくのだった。（富澤一誠『俺の井上陽水』）

まだまだ広く世間に認知されているとはいえないまでも音楽評論家という肩書きを得て、ようやく自分の居場所を見つけてから数ヵ月。この間、富澤はフォークや日本のポップスについて雑誌や本を読み漁り、毎日のように新譜を聴き、短期間のうちに知識を吸収していった。それにつれて活動の場も少しずつ拡がり、「新譜ジャーナル」を中心にレコード評や取材記事を積極的に寄稿するようになっていた。

そうした毎日のなかで、ときおり富澤の心のなかを吹き抜けていく〝すきま風〟のようなものがあった。レコード評を書く。アーティストに取材して彼らの言葉を伝える。過渡期を迎えていた日本のフォーク界にあって、たしかに富澤の存在は各誌の編集者から重宝されてはいる。

しかし、その一方で「それがどうだというんだ?」「こんなことを書き続けて何になるんだ?」という空虚感に襲われることがあった。

それは、遅れてきた人間に特有の焦燥感だったかもしれない。だとすれば、遠回りをしてようやくデビューに漕ぎつけた陽水だって、遅れてきた人間ではないのか?

歌にしろ、映画にしろ、文学にしろ、ぼくらがそれを聴いたり、見たり、読んだりする場合は、その背後に、自分はその歌、映画、文学に後れを取っているという意識が常にある。だからこそ、それらに触れることで、ぼくらは自分の後れを取り戻そうとするのである。ということは、換言すれば、歌や映画や文学がぼくらの現実を超えているということだ。現実を超えているからこそ、歌や映画や文学に内的リアリティーをぼくらは感じるのである。（富澤一誠『ぼくらの祭りは終ったのか』）

富澤は陽水の作品と人間に、自分の現実を超えたリアリティーを発見してしまったのだと思う。そして、ある確信に行き着いたのだと思う。井上陽水という未知数のシンガーソングライターが、いつか自分たちの世代が抱える鬱屈した想いを代弁する、新たな「英雄」になることを。そのことに気づいたとき、富澤は遅れてきたはずの陽水に、完全に後れを取っている自分の姿を見たのだった。

富澤の心の奥深くに凝っていた〝ある命題〟とは、つまるところ《評論家はアーティストに拮抗できるか？》という問題だったのではないかと思う。拮抗できるとすれば、いったいどんな方法があるのか？　そのために自分はどんなアクションを起こしたらいいのか？——それを発見できない自身に対する苛立ちを、この先ずっと富澤は抱えていくことになるのだが、彼の視線の先には、常に井上陽水の背中があった。

■陽水ライブ初体験

七二年五月十三日。富澤は、はじめて井上陽水のステージを観る。それはまったく予期していなかったハプニングだった。

その日、東京千代田区の日比谷野外音楽堂では二日間にわたる「第四回日本語のふぉーくところっくのコンサート」の初日を迎えていた。旬のフォーク・シンガーが総出演することから〝フォークの紅白歌合戦〟とも称ばれていたこのライブイベントは、各出演者の持ち時間は二十分と短いが、権威のあるコンサートとして知られていた。

ちなみに十三日の出演者は泉谷しげる、三上寛、古井戸、なぎらけんいち、ガロ、あがた森魚、チェリッシュ等々、当時としては錚々たる顔ぶれである。もちろん、そこに井上陽水の名はない。

ところが——。

午後四時頃だったろうか、時刻ははっきりしないが、とにかくまだ明るかった頃だ。どうせまだ有名な奴は出て来ないだろうと思って友人たち数人と後ろの方でサンドイッチにコーラで、バカ話をしていたときだ。なんか、聴いたことのあるような曲がステージから聞こえてくるではないか。「オヤッ！」と思ってステージに目を向けると、我が憧れの陽水が歌っているではないか。そこで、ぼくはバカ話を中断してじっとステージを凝視した。

その日、陽水はうす汚れたジーンズにカーキー色の米軍のアーミー服を着てギターを抱え、バックにはバンドをかかえて、「断絶」を歌っていた。

陽水は、八千人はいただろうか、超満員の大観衆に向かって大声を張り上げていた。しかし、大観衆のほとんど八割方の人は、陽水の歌に耳を傾けようとはしなかった。ただ、隣同士でワイワイ、ガヤガヤとしゃべっているだけである。

「うるせえな、静かに聴けッ！」

　思わずぼくは怒鳴ってしまった。すると、怒鳴られた女の子たちは、

「なによ、あんなの大したことないじゃないの。私たちは泉谷しげるや古井戸、それにガロを
聴きにきたのよ。あんなの知らないよ」と、ブーたれるだけだった。

「畜生め！」と、ぼくは思った。（富澤一誠『俺の井上陽水』）

その日の富澤の昂奮状態がダイレクトに伝わってくる文章だ。

「眼光紙背に徹す」という名句がある。紙の裏まで見通すように、書物の字句の背後にある深い意味まで読み取るという意だが、インタビュー取材で心をかよわせ、デビュー・アルバム『断絶』をまるで「紙背に徹する」がごとく、歌詞の裏の裏まで読み取るように聴き込んできた富澤である。その憧れの人の生ステージにエキサイトするのは至極当然の成り行きだろう。ふだんは沈着冷静で知性派タイプの彼が騒がしい女の子たちに声を荒らげたとしても、これまた無理からぬ話に違いない。

　しかし、陽水のステージを見終わった富澤の昂奮は意外にも冷めていく一方だった。それは、夏の烈日のなかを季節はずれの木枯らしが吹きぬけていくような感情だった。

しかしながら、無名ということは、どうしてこんなに悲しいのだろうか?

あんなに素晴らしい歌を歌っている陽水が、全然相手にされないのだ。

あの日の陽水の歌声は、大声を張り上げているけれど、心なしかどこか湿りがちで空しく野音の上空に消えてゆくだけだった。

もちろん、八千人の大観衆のほとんどの人が「あれが井上陽水だ」なんて知る由もなかっただろう。（前掲書）

三月に発売したデビュー・シングル「断絶／人生が二度あれば」はリスナーの口の端にほとんど上ることなく低迷していた。しかし、その二ヵ月後、二千枚のイニシャルでリリースされたアルバム『断絶』は、少しずつ売り上げを伸ばしつつあった。とはいえ、よほどの音楽ファンかフォーク・マニアでもなければ、井上陽水の名を知る者はいなかった。

無名時代の陽水の涙ぐましいエピソードのひとつを、富澤は伝聞のかたちで次のように書いている――。


ぼくの友人の話によると当時の陽水のステージはとにかくものすごかったらしい。

友人はこんなことを話してくれた。

「五月の後半に九州をまわるコンサート・ツアーがあったのね。出演は高田渡、友部正人、三上寛、それに陽水だったんだけどね。このころは、陽水が一番人気ないわけよ。だから彼、それをなんとかカバーしようとしてステージで空中回転したりして、まあ見ていても涙ぐましかったね」（前掲書）

富澤の友人をして「涙ぐましかった」と嘆かせた陽水の空中回転。が、コンサートの舞台上でアクロバティックなパフォーマンスを披露してしまうところに、陽水ならでの、そこはかとない諧謔性を私は感じてしまうのだ。

「フォーク界でいちばん運動神経が発達してると自信持ってます。この間ステージで宙返りをやったよ。大成功。フォーク界のフォーリーブスってとこかな」と、数年後の「ｇｕｔｓ」誌上で得々と語っている陽水を見ていると、そんなふうに感じられてならないのだ。たしかにそれは聴衆に自分の存在を強く印象づけるための「涙ぐましい努力」の一端には違いないのだろうが、少なくとも空中回転からは悲壮感のようなものは漂ってこない。それよりも、むしろ自身に具わった類い稀な運動能力の高さを聴衆と共演メンバーに披露して、鼻高々にほくそ笑む――そんな陽水を想像してしまうのは私だけだろうか？

ちなみに私は八〇年代の初頭、突然ステージで歯磨きをはじめた彼を実見しているし、やはり同じ頃、日比谷野外音楽堂のステージにトレードマークのサングラスをはずして登場し、ステージ上でＴシャツを脱いで衣装替えする場面も目撃している。ときに突飛なパフォーマンスで観る者を騒然・唖然とさせるのは後年の井上陽水の常套的な行動パターンでもあるのだが、その片鱗はすでに不遇なデビュー時代の空中回転にも認められる……というよりも、デビュー当時から今日にいたるまで、彼のビヘイヴィアは一貫しているとみるべきだろう。

■ビートルズだったらぼくですよ

これまでに無名時代の陽水の悲哀を匂わせるエピソードは数々伝えられてきたが、それらの大半は彼の周囲にいた人々の証言をもとにしたものである。しかし実際のところ、当の本人に巷で流布しているような〝悲哀ストーリーの主人公〟としての意識があったかといえば、大いに疑わしい。

六月、富澤は「新譜ジャーナル」で《わが心の詩》と題する特集企画を任された。八組のシンガーソングライターに、いまの自分の心情にピッタリくる自作の詞を選んでもらうという内容で、富澤はその八組のなかに迷わず井上陽水を加えた。他の七組は、頭脳警察（パンタ）、RCサクセション（忌野清志郎）、古井戸（仲井戸麗一）、泉谷しげる、はっぴいえんど（松本隆）、小坂忠、斉藤哲夫という、いずれも富澤好みの顔ぶれである。

陽水の選んだ詞は『断絶』の収録曲「白い船」だった。愛する人を乗せた白い船が、いま港を出て行こうとしている。そんな別れの風景を涙を流しながら見送る「僕」の視点から描いたバラードだが、その当時、叙情派フォークシンガーの新星と目された陽水の曲のなかでも、聴いていて思わず赤面してしまいそうなベタな悲恋歌である。九〇年代以降の陽水しか知らないリスナーには、とうてい同じ作者の曲には聞こえないだろう。

しかも、陽水がこの曲を自選した理由がふるっている。以下はその全文である。


この「白い船」という私が作った名曲は、知名度という点を除けばビートルズの「Yesterday」とともに二十世紀音楽、スタンダード部門の双璧をなすと自他ともに認める曲であります。詞は、港での別れ、船が出てゆく、煙がのこるという日本人の本質であるところのセンチメンタルな心情を鋭くつき、歌謡曲でよく使用されるパターンをこれほどまでに新鮮に処理できる才能には、われながら時としてうっとりし、いつも奇跡ダなと思うのです。

曲は、Am,Dm,E7というこれまたセンチメンタルな涙ほとばしるコードをつくし、メロディは四季を通じて人々を感動せしめ、我声はあくまでも聴衆の胸に食い込み……いくら書いても紙面ではこの名曲の全容を表現しえぬ悲しさ。しかしこれがまたMusicたるゆえん。失礼いたします。（『新譜ジャーナル』一九七二年九月号）

ジョークで書いたことを匂わせる筆致であるが、どこまでが冗談でどこまでが本音か判然としないところが、いかにも陽水らしいレトリックである。
この原稿を読んだ富澤は――、

陽水らしいなと思った。というのは、陽水という男、あまり話はしないが、聞かれたことに対しては自分の言いたいことをひとつひとつ言葉を見つけてきては必ず言うのである。他からみれば、すごく自意識過剰だなと思えるようなことでも平気で言ってしまう。たとえば、この文章のなかでは「この『白い船』という私が作った名曲は、知名度という点を除けばビートルズの「Yesterday」とともに二十世紀音楽、スタンダード部門の双璧をなすと自他ともに認める曲であります」というところなど。

ところが、本人は自信過剰ともなんとも思ってはいないのである。ただ、本当にそう信じているのである。だから、この文章のなかでも陽水は「ではなぜ、ビートルズと並ぶ名曲なのか」をわかりやすく書いている。「詞は……曲は……メロディーは……我声は……」とひとつひとつ分けて説明しているところである

ぼく自身は『断絶』のなかでは「傘がない」が最も好きだけれど、「白い船」も改めて聴いてみると陽水のいうように実に名曲である。

なるほど、ビートルズの「イエスタディ」に通いあうところがある。ひょっとしたら、これは「イエスタディ」の日本語版ではないかと思ってしまう。

まったく、陽水という男、かつて「ビートルズだったらぼくですよ。ぼくにまかせて下さいよ」と言っていたけれども、すごい奴だなと、ぼくは再認識せざるをえなかった。

ぼくは陽水の自信満々のこの文章を読んで、ようし、ぼくも負けないぞと心を新たにしたの

である。（富澤一誠『俺の井上陽水』）

大胆にも「売れるということを考えてみれば、今年はまず駄目だと思う……」と富澤が予測したとおり、夏になっても陽水は低迷していた。折しもそんな時期に「よくこんな文章が書けるなぁ」と富澤が驚いたのも無理はない。友人に宛てた気安い私信ではない。文章はそのまま雑誌に掲載されるのだ。

文中の「ビートルズだったらぼくですよ。ぼくにまかせて下さいよ」のくだりは、先のインタビュー取材中に陽水が自信満々に「チューリップとか、いろいろビートルズの影響を受けている人たちが出て来て、『われこそはビートルズの精神を受け継ぐもの』と言ってますが、ビートルズだったらぼくですよ。これは決して大袈裟なことではなく、そうです」と言い放ったことに由来する。そのときにも「陽水という男はどこまで自信家なのだろう」とやや呆れた富澤だったが、今回の文章を読んで、自分の音楽は絶対だと確信している陽水の揺るがぬ自信に、あらためて感じ入った。

富澤に「すごい奴だ」と認識させるだけあって、当時の陽水は音才と詩才、そして音域の広い声と表現力に、確たる自信とプライドを持っていたようだ。たとえアルバムセールスが思ったようにに伸びず、知名度が上がらなくても、ことさら悲観的にならなかったのは、この自信とプライドの下支えがあったからだろう。

これに加えて、後述するように彼には井上陽水という本名でデビュー（事実上は再デビュー）する以前に、さらに不遇な「前史」があった。上京してから足かけ三年に及んだ「深く潜行していた時代」を通過してきたことで、神経が図太くなった。レコードが売れないことに対する免疫機能もいっそう強化されたのでは?……と、そんなふうにも思うのだ。

一般に「繊細な人」というイメージの強い陽水だが、これまでの発言やエピソードの数々をよく吟味してみると、彼がかなり図太い神経の持ち主であることがわかる。どんな人でも「図太さ」と「繊細さ」の両面を持ち合わせているとはいえ、彼がときおり見せる両極端な言動には、私たちを驚倒させずにおかない強烈なインパクトがある。

先に引用した「白い船」の自薦文を読んだ富澤は、「自信満々のこの文章を読んで、ぼくも負けないぞと心を新たにした」と書いているが、ほんの数週間まえの陽水が、実は言葉に尽くせないような深い哀しみの底に沈んでいたことを知らなかった。

第四章

陽水旋風

井上陽水『陽水Ⅱ　センチメンタル』(72年、ポリドール)

■父の死

一九七二年六月。陽水の父、井上若水が急逝する。

当時間借りしていた中野の下宿に届いた電報で父の死去を知るや、取るものも取りあえず陽水は高知県の佐賀町へと向かった。

父はほんの数日前に福岡の田川を離れ、母と妹とともに郷里の佐賀町に引っ越したばかりだった。その村には歯医者がいなかったので、この地に歯科医院を開業し、余生を郷里の人々の治療に捧げるつもりでいた。しかし、新居に落ち着いて三日後、近所への挨拶まわりの最中に倒れ、そのまま帰らぬ人になったのだった。

棺のまえで、陽水は泣いた。泣きつづけた。歯科医を継ぐという父の願いを振り切って音楽の世界に入ったものの、まだ一枚のヒットも出せずにいる自分が不甲斐ない。父にどんな言葉で詫びればいいのか。

いっぽう、父はデビュー・アルバムの『断絶』が発売された時点で、息子が跡を継いでくれる夢を諦めていたようだ。そればかりか、自宅では両親を歌った「人生が二度あれば」のシングル盤をそれこそ擦り切れるまで聴き、五月に小倉市民会館で開かれたデビュー・イベントには自費でバスをチャーターして、親戚や知人を引き連れて出かけたという。母親から話を聞くまで陽水は知らなかったが、父は東京で歌手になった息子を陰ながら応援していたのだった。

ところで、後にこのときのことを振り返って陽水は、「いま考えてもびっくりするぐらい涙が出たんだけど、そのあと本当に気分が爽快になったわけよ。なにしろ、泣くだけ泣いたらこんなに心が軽くなるのかと思った」と語っているが、同時に「女はずるい」と思ったという。「女って、しょっちゅう泣くじゃない。こんなに泣いたあとの爽快感をしょっちゅう感じてるのかと思ってさ。あれじゃ体にいいはずだよ」(海老沢泰久『満月　空に満月』)

父の亡骸のまえで悲泣しながら、そのいっぽうで「女はずるい」と考えているところが、いかにもアンビヴァレントな陽水らしい。インタビューした海老沢泰久も指摘しているが、「いつも自分の中にもう一人の自分がいて、ものごとを素直にはこばせない」のが井上陽水なのである。もっとも、このような多重人格的な性格は古今東西の芸術家によくみられる傾向であり、珍しくはないけれども。

陽水のこの発言を読むたびに私は、彼が沢田研二のために書いた「ミスキャスト」(一九八二)の「奴の特技は右手で愛してるとラブレターを書き　奴は同時に左手でギャラの札たばをかぞえられる」というフレーズを憶い出すのである。

東京に戻ると、陽水はプロモーション活動や他のアーティストのライブに出演するかたわら、曲作りにも力を入れる。

十二月には早くもセカンド・アルバムの発売が計画されていた。『断絶』の売り上げが芳しくないといっても、一万枚の大台はどうにかクリアしている。発売元のポリドールではそもそもフォークというニュー・ジャンルにさほど期待をかけていなかった。しぶる会社に掛け合って井上陽水という未知の若者をデビューさせた立役者は、ディレクターの多賀英典である。多賀はやはり会社の反対を押し切って、未知の新人だった小椋桂をアルバム・デビューさせている。歌謡曲や演歌を中心に営業展開する旧態依然としたレコード会社の考え方に、あきたらない想いを抱いていたのである。彼は『断絶』が大台をクリアすると間髪を入れず、セカンド・アルバムの発売を会社に承諾させた。

十二月十日、予定どおり陽水のセカンド・アルバムがリリースされた。タイトルはすったもんだのあげく、多賀が独断で『陽水Ⅱ　センチメンタル』と命名した。

その間、七月にはシングルカットされた「傘がない」が発売され、十月には東京の青山タワーホールで初のソロ・リサイタルが開催されて、井上陽水の名はフォーク・ファンのあいだで急速に浸透しつつあった。

発売日よりも一足早く『センチメンタル』を試聴した富澤一誠は、感想を次のように記している。

ひととおり聴いてみて「いいな」と思った。しかしながら、ぼくはやっぱり『断絶』の方が好きだった。

というのは、セカンドには「つめたい部屋の世界地図」「東へ西へ」「かんかん照り」「夜のバス」「夏まつり」「紙飛行機」「能古島の片想い」「帰郷（危篤電報を受け取って）」などの詞、曲、サウンドともに申し分ない曲は多かったが……。

たしかに、音楽の完成度からいえば『断絶』よりも『センチメンタル』の方がはるかに高かった。だがしかし、ぼくに言わせれば、『断絶』のような若者の心情をぴったりと把握したポリシーが『センチメンタル』には感じられないのである。感じられるとすれば、モロにセンチメンタルのみ。そこに差があるのである。（富澤一誠『俺の井上陽水』）

■傑作アルバムの誕生

実はアルバム名の「センチメンタル」に最も反対したのは、他ならぬ陽水自身だった。自分が涙もろく、感傷的な傾向の強い人間であることを知悉していた彼は、アルバム・タイトルにことさらセンチメンタルという言葉をもってくることに抵抗を感じたのだ。

これに対してディレクターの多賀は別の見識をもっていた。『断絶』に収録された「人生が二度あれば」を聴いて、陽水の作品に通底するセンチメンタリズムに着目した多賀は、彼を社会派路線で売るよりも叙情派路線でプッシュしたほうが賢明だと判断したのか、かなり早い時期からセカンドのタイトルを「センチメンタル」に決めていたのだという。富澤にしても、このセンチメンタルというコンセプトが大いにあきたらなかったに違いない。

とはいえ、富澤も認めているように、このアルバムのクオリティはきわめて高い。陽水の全ディスコグラフィーのなかでも、上位に置かれるべき傑作である。その理由をリリックに限定して簡潔に述べれば、彼の芸術性や社会観、言葉のスクリーニングとレトリック、日本語に対する過度のこだわり等々の作家的特質が、この一枚に凝集されていると思うからだ。〝作家は処女作にもどる〟とよくいわれるが、その伝でいえば、井上陽水の作家的特質を理解するための最上のテクストは『断絶』よりも、むしろこの『センチメンタル』にあると私は考えている。

のっけから「昼寝をすれば夜中に眠れないのはどういう訳だ」という論理学的トートロジー（つまり、当たり前のこと。犬が西向きゃ尾は東と同工異曲）を臆面もなく前面に押し出した「東へ西へ」。これを聴いて「そんなこと当たり前じゃん」と独りゴチた人は未来永劫、陽水の作品を享受することはできないであろう。

キャリアを重ねるにしたがって彼のトートロジー的志向はますます強まり、技にも磨きがかけられていくが、なかには「バックミラーはあとを見るかがみ」（「ジャスト フィット」一九八六）、「真珠の名前は単純にパールだよ」（「真珠」一九九四）などの仰天フレーズもあって、コアな陽水ファンをものけぞらせることになる。しかし、陽水一流の文法的トートロジー（つまり、同語反復のこと）の極北といえば、「部屋のドアは金属のメタル」をはじめ、全篇これ同語反復の饗宴（むしろ狂宴）とも呼ぶべき「リバーサイドホテル」（一九八二）に軍配が上がろう。

ただし、これらを彼の諧謔精神の発露とのみ受け取ると手痛いしっぺ返しをくらうことになる。ぜひとも心あるリスナーは感覚の扉を開放状態にして、陽水の楽曲を試聴反復してほしい。幾重にもスクリーニングされた言葉と言葉の同語反復が醸成するある種の異化作用――誰もが知っている言葉をあたかも未知なイメージに変質させることで生み出されるイマジナリー・ラインを超越した世界に、きっと驚かれることだろう。

「東へ西へ」で描かれるのは、老婆が床に倒れるほどの超過密な満員電車に揺られて、ようやく逢瀬の場にたどり着いた僕は、嬉しさあまって気がふれたようになっている君（彼女）を見て、どうすることもできないでいる。狂喜乱舞している彼女にとまどうばかりの僕。その上空では、まるで二人を祝福するかのようにカラスが飛んでいる――という情景だ。

注目すべきは、一週間ぶりか、一ヵ月ぶりなのか、待ちに待ったデートの日にようやく逢えた彼女をまえに、主人公の僕が「怏々《おうおう》として楽しまず」といった状態でいることである。その理由は何か。気がふれたように喜ぶ彼女の過剰反応ぶりに気圧《けお》されたか、あるいはシラけてしまったのだろうか。いずれにしても、そこにいるのは彼女と一緒に歓喜を分かち合えず、とまどっている僕なのである。

察しのよい陽水ファイルの読者なら気づかれたかもしれないが、この曲は『断絶』の収録曲である「限りない欲望」のパラフレーズと解釈したい。最愛の女性と教会で結婚式を挙げることになった僕は、こともあろうに指輪交換の段になって「君の指、その指がなんだか僕は見飽きたようで」嫌になってしまう主人公こそ、すなわち狂喜乱舞する君を見て「とまどう僕」にほかならない。

すでに君を愛していない僕を表現するために、陽水は不幸の情景を幾重にも並べることに余念がない。眠れない僕を起こしてくれるはずの目覚まし時計は「母親のように」気持ちが通じず、逢瀬の場に向かう満員電車の床に転倒した老婆の笑い顔、もっといえば、とまどう僕を見下ろす「カラス」の存在すら不幸のメタファーといえないこともない。このように、一見まるで脈絡がないように見えるフラグメントを延々と重ねて、ラストシーンで本心の表白にいたるというパターンは、陽水がもっとも得意とするストーリーテリングの一典型である。

「かんかん照り」でも、水道の水は沸騰し、石鹸はすぐにドロドロに溶け、帽子を忘れた子が日光に射られて死ぬという、焦熱地獄さながらの夏の光景を重ねていく。ラストでは、酷暑にやられて息絶え絶えになった主人公に、恋人はやさしく寄り添ってくるのだが、もはや主人公の「心は動かない」のである。曲中では「いやな夏が……」というフレーズが繰り返されるが、果たして本当に嫌いなのが「夏」なのか、それとも「彼女」なのか、その解釈はリスナーに委ねられる。

一転して「神無月にかこまれて」では、思わず息を呑むような日本語の美しさのなかに清冽な秋の夜気を感じさせて秀逸。同じアルバムに収められた「たいくつ」同様、これはフォークの詞というよりも、声に出して読みたくなる一篇の現代詩である。しかも風月の摑まえ方には、明らかに俳句の影響を匂わせるものがある。陽水は父の影響で、小学校時代に俳句の師匠から手ほどきを受けていた。

ただし、この曲の主人公は十三夜の月を眺めながら便々と風趣にひたっているわけではない。

間もなくやってくる玄《くろ》い冬におびえながら、「列についてゆけない自分」にはとうてい青い春のやってくることはないだろう、と己の将来を憂えるのである。

安直に解釈すれば、浪人時代の心境を吐露した一曲とも受け取れないこともないが、それにしては歌詞があまりにも深刻であり、全篇を覆っている緊迫感が尋常ではない。

この曲を「傘がない」と並置してみることで、一切の謎は氷解する。この二曲の主人公はいずれも「列についてゆけない」人間たちの範疇にあるのだ。そんな彼らは時代の流れに乗ることも、また逆らうこともできないままに、「涙も見せず笑いを忘れ息をひそめて」ただ逼塞するしかないのである。

周知の事実であるが、実はこの曲、デモテープ段階まではラブソングだった。それも熱々のカップルが月を眺めながら愛をたしかめあうという、赤面レベルの場面設定である。むろんこのままで商品化するのは無理だったとしても、なぜ陽水はこの曲のテーマを一八〇度変えてしまったのだろうか。あえて下世話な憶測を加えるならば、制作サイドはこの曲に、時代の主流からはずれた若者の屈折した心情を織り込むことで、二匹目のドジョウを狙ったのではないか。「傘がない」の作者による、社会派フォーク路線の第二弾として位置づけるために。

とすれば、いちばん困惑したのは陽水自身だったに違いない。

■父の死がもたらしたもの

長々と「神無月」を取り上げた以上は九曲目の「紙飛行機」にも触れないわけにはいかない。広い空をゆらりゆらりと飛ぶ紙飛行機を見上げている主人公がいる。私もふくめて大多数の人々にとって、たぶんそれは取るに足らない日常風景の一コマに過ぎないだろう。どこかの国から飛んできた気球ならいざ知らず、記憶にも残らない情景だと思う。

しかし、この曲の主人公はちがう。どこへ向かって飛んでいるのか、どこに落ちるのか……と紙飛行機の行く末を我がことのように慮る。さらに、あまり強い風は命取りになるよ、楽しく飛ぶことも悪いことじゃないよ……とアドバイスし、ラストでは「だけど地面に落ちるまでの短い命だね」と哀悼の意まで捧げてしまうのである。

空を見上げている主人公は、紛れもなく「傘がない」「神無月」に登場した逼塞している若者だろう。彼はゆらりゆらりと滑空する紙飛行機に、社会の流れに乗り遅れまいとしてシャカリキに生きる危なげな若者たちの姿を重ねている。自分は成すべきことが見つからずに逼塞しているが、彼らのように生きたいとは思わない。むしろ彼らを哀れみ、忠告まで発している。私はこの曲に「夢のなかへ」のプロトタイプを見る。

『センチメンタル』に収録された各曲がいつ作られたかは定かでないが、少なくとも「カーネーション」と「帰郷（危篤電報を受け取って）」の二曲は父の死後に作られた作品だろう。

前者はなんとなく頭数を揃えるために作られた埋め草のような作品にも見受けられるが、やはり〝白いカーネーション〟という花からは葬儀の祭壇の情景を想い浮かべてしまう。音数の少ない童謡のようなメロディーながら、「どんなにきれいな花もいつかはしおれてしまう　それでも私の胸にはいつまでも　白いカーネーション　お花の中では一番好きな花」と優しく歌われるフレーズは、聴く者の胸底にいつまでも残る。白いカーネーションの向こうに見え隠れしているのは亡父の面影だろうか。

そして終曲の「帰郷（危篤電報を受け取って）」は粒ぞろいの佳作が揃ったこのアルバムにあって、ひときわのリリシズムを放ち、匠の技巧が随所に光る傑作といえよう。

日本語のスクリーニングは「神無月」よりも精緻で、完成度の高さでアルバム中の首位を争う。言葉数を限界まで削ぎ落としたフレーズの連なりが醸し出す情景には、ソングライターというより俳人のセンシティビティが横溢している。後に言葉の魔術師と讃えられる陽水が弱齢にして掌中におさめた、まさに省筆《せいひつ》の美学である。

曲中では危篤電報を受け取った主人公が郷里へと向かう道行きで目にした景色が、次々にスケッチされていく。雨がぬらすだけの終わりのない田植唄、黒い牛の背中に乗った人、渡る船のような流れ星……。むろんここに登場する風景や風物のすべてが現実のものとは限らない。どこまでが現実で、どこまでが主人公の幻想なのか判然としないところにこの曲の妙味がある。そのなかで、動かしようのない唯一の現実は、危篤電報だけである。

この曲もまた「傘がない」と並置してみることで、聴き手のイマジネーションは否応なしに掻き立てられる。

君に逢いに行かなくちゃ……君の家に行かなくちゃ……と叫びながらも、「傘がない」の主人公にはわずかな逡巡が感じられた。外は雨。しかし主人公は傘を持っていないからである。不屈の行動力があれば、躊躇なく雨のなかを飛び出しているはずだが、この主人公は玄関先にたたずんで「行くか？　行くまいか？」と思案しているフシがあるように私には思えるのだ。ここからはリスナーによって解釈が大きく分かれるところだろうが、主人公はこのあと、君に逢いに行ったのだろうか。「つめたい雨が僕の目の中に降る　君の事以外は何も見えなくなる」という描写は、果たして現実に起きたことなのだろうか。

結局のところ主人公が「君の家」に行くことはなかったと私は思う。「つめたい雨が僕の目の中に降る」のも「君の事以外は何も見えなくなる」のも、すべては玄関先にたたずむ主人公の胸中を駆けめぐった幻想に過ぎないのではないか。いつまでたっても彼は迷っているのである。それゆえに「それはいいことだろう？」という疑問を、最後の最後まで捨て去ることができない。

これに対して「帰郷」の主人公は、雨の中、迷うことなく家を出て行く。一刻も早く目的地に着くことを願う。そして最後に、自身を慰めるように「もうすぐだね、君の家まで」という。

こうして二曲を並べてみると、いくつもの共通点と相違点が浮き彫りになってきて興味が尽きない。そして最後に残る謎は、果たして「君」とは誰なのか、「君の家」はどこにあるのか、という二点だろう。想像をたくましくすれば、この二曲に登場する「君の家」とは、いずれも陽水が置き去りにしてきた故郷の家であり、「父の住む家」だったのではなかったか。

「帰郷」という曲は、陽水が最愛の肉親を失った哀しみと引き換えに手にした創作上の精華だった。そしてさらに、父の死はその後の彼に夢のような果実をもたらすことになるのだった。

■歌に緊張感を求める

七三年二月。富澤は「新譜ジャーナル」の仕事で陽水に会うため所属事務所のホリプロを訪れた。久しぶりのロング・インタビューである。

前年末にリリースされた『センチメンタル』は少しずつ売り上げを伸ばしていたが、この時点ではまだ、さほど話題にはなっていない様子だった。陽水の当たり年は「一九七三年」と公言している富澤にしてみれば、そろそろブレイクの兆しが現れてほしいところだが、いまのところそれもないようだ。

「やあ、しばらく。元気だった?」と部屋に入ってきた陽水は、いつもと変わらぬ柔らかい物腰で右手を差し出した。

富澤はさっさとインタビューの仕事を片付けて、なるべく早く「核心」に斬り込みたいと考えていた。核心とは去年はじめてインタビューしたときに積み残していた問題のことだ。

前回のインタビューで、富澤と陽水は「傘がない」の裏にある共通意識——とにかく自分は何かをやりたいのだが、何をしていいのやらわからない――では一致していたが、その後の陽水がそうした意識を打ち破って新しい境地に達したのかどうか、富澤はどうしても本人に確かめてみたかったのである。果たして、その顛末について富澤はこう書いている。

僕が「『傘がない』から意識的に脱皮できた?」と尋ねると、彼は、

「そうですね。脱皮っていうコトバを使うなら、脱皮したと思いますね」

と、いとも平気で言うのだった。

そこで、ぼくが、

「どういうふうに脱皮できたの?」

と尋ねてみると、彼はひとつひとつ言葉を選びながら、

「うーん、富澤君がいっている《なにか》とはちょっと違うかも知れないけれども、ぼく自身の中において、あるふっきれた部分があるのね。そこはなにかというと、歌を作る姿勢というのかな。その姿勢というのは、今までは歌に優しさを求めていたけれども、今度出す『夢の中へ』、これは三月一日に出すんだけれども、これを作ってからは歌に優しさを求めなくなったね。なんか歌に緊張感を求めるようになったね」

と話してくれた。

歌に優しさを求めるか、歌に緊張感を求めるか、なるほど、ぼくにはわかるような気がした。

というのは、歌に優しさを求め作るのは、取りも直さず現実的にはありえない優しさを理想として歌の中に盛り込むことである。つまり、自己満足のためにというか、終局的には自己救済になってしまうのである。

ところが、歌に緊張感を求めて作るということは、それより一歩進んで、自らをもっと責めるということ、そんな自己満足をえるためではなく、すすんで己れの言いたいことを言うような、そんな強い姿勢である。

優しさ→緊張感への移行は、陽水の音楽に対する姿勢がもっと強くなったことを意味するのである。

それが、脱皮したということになるのだろう。（前掲書）

淀みのない陽水の自信に満ちた言葉のひとつひとつに耳を傾けながら、富澤は「畜生！　負けた」と思った。自分はまだ「傘がない」から離れられず、その周縁をウロウロしているというのに、すでに彼は脱皮したという。この差はいったい何なのだろうか、と自問自答してみる。

それに、彼が脱皮するきっかけを摑んだという「夢の中へ」とは、いったいどんな曲なのか。歌に緊張感を求めるとは――？

■夢の中へ

前年の十二月、陽水は福岡田川の実家へ帰省した。父親が亡くなったあと、母と妹は高知を引き払って田川へ戻ってきていた。

上京してからこの方、ほとんど実家の敷居をまたいだことのなかった彼には珍しいことだが、せめて年末年始だけでも父の仏前に香華を手向けたいと思ったのかもしれない。

このとき陽水は〝宿題〟を抱えていた。年内に仕上げる予定でいた曲が間に合わず、どうしても帰省中にこれを仕上げなければならなかったのだ。母親の証言である。

「暮れに帰ってきて、たしか正月の三日、いや四日、はっきり覚えてませんがそれまでいましたね。でも、ほとんど外出しなかった。仏壇の前にすわってギターを弾いたり、黙って考え込んでばかりいました。『夢の中へ』って曲がありますね。あれは陽水《あきみ》が仏壇の前にすわり、父さんの前で一曲何か作っていこうかなって、半日ぐらいギターを弾いていて作ったものなんですよ」

（塩沢茂『井上陽水　孤独の世界』）

仏壇のまえでギターを爪弾いていたとき、なんとも不可解な現象が起きた。半年前に亡くなった父の仏前で曲を作るとなれば、どうしたって曲調はマイナーコードになって「人生が二度あれば」のようなイメージが湧いてきても不思議ではない。ところが、このときの陽水に降ってきたのは、その対極にあるようなメジャーコードの楽想であり、メロディーと同時に浮かんできた歌詞の冒頭は「探しものは何ですか？　見つけにくいものですか？」という突飛なものだった。

名曲は作られるのではなく生み出されるものだ、とはよくいったもので、後世に残るようなヒット曲の誕生ストーリーには、一般常識や理屈では割り切れないパラノーマルなエピソードが少なくない。ヒットメーカーだった故三木たかしは「津軽海峡・冬景色」を作曲する際、締切が近づいても楽想が浮かばず、思いあまって「自分の命と引き換えに、いい曲を授けてください！」と天に祈ったそうだ。すると嘘のようにピアノを弾く指が動きはじめ、ものの三十分であの名曲が完成したのだという。このエピソードを、私は三木をよく知る人物から直接聞いている。

後に母親は、「あの曲はお父さんが書かせてくれたのよ」が口癖になったが、陽水のリアクションはきわめてクールである。

「ああいう状況下では、肉体の生理の反応とか思考の反応とかが非常にとぎすまされて、とつぜん新しい角度からものを考えられるようになるとか、ぜんぜんべつの価値観で曲をつくってしまうというのは十分に考えられることだよね」（海老沢泰久『満月　空に満月』）

いったいに非科学的なものを嫌悪する傾向の強い陽水らしい、実に科学的な分析だ。

ま、それはそれとしても、「夢の中へ」を亡父の仏前で作り上げたという事実は、いかにも陽水に似つかわしい逸話だと思う。この曲から仏壇を想像するリスナーは、まずいないだろうから。

もっとも、作曲中の陽水からは、すでに亡父の存在が飛んでいたのかもしれないし、たとえ父の面影が脳裡にあっても、「人生が……」の二番煎じで満足するような彼ではない。それに「帰郷」を聴けば瞭然だが、もはやマイナー・コードで聴き手の涙を誘うような安直な図式やアプリオリに、彼は辟易としていたのではないか。

年が明けると、「夢の中へ」は急ピッチでアレンジ作業へ進み、レコーディングされた。ディレクターの多賀英典が進行を急いだのには理由があった。三月三日に公開予定の映画「放課後」（東宝　森谷司郎監督　一九七三年）で音楽プロデューサーを務めていた多賀は、陽水の曲を劇中の挿入歌に使うことを決めており、サントラ盤の発売も計画していたのだ。ちなみに、全体の音楽は『断絶』『センチメンタル』で編曲を担当した陽水の盟友・星勝である。誰よりも早く映画と音楽のメディアミックスを構想していた多賀は、六年後に「キティ・フィルム」を設立し、原作者の村上龍を監督に起用した「限りなく透明に近いブルー」を製作するなど、八〇年代の日本映画界に独自の地歩を固めることになる。

三月一日。映画の公開に合わせるかたちで「夢の中へ」がシングル盤で発売された。

映画「放課後」は、当時大人気だった英俳優マーク・レスターの主演作と併映されたが、いかにも〝添えもの〟といったチープ感が否めず、残念ながら当たらなかった。とはいえ、かつては黒澤明の有能な助監督であり、後に「八甲田山」をはじめとする超大作で名を馳せる森谷司郎の演出は真摯で手堅く、けっして手を抜いていない。脚本の井手俊郎も堅固なコンストラクションとウィットにとんだ台詞でベテランらしい筆さばきをみせているのだが、全体的に主演の栗田ひろみのプロモーション映像としての色合いが濃く、彼女のファン以外の観客には青春モノの凡作と映ったことだろう。

いっぽう陽水の「夢の中へ」はメインタイトルで流れ、劇中では栗田が口ずさむが、調子っぱずれなところがなかなかにナチュラルである。さらに劇中では「断絶」「感謝知らずの女」「つめたい部屋の世界地図」も流され（アルバム『断絶』のジャケットも登場する！）、BGMは「いつのまにか少女は」を耳あたりの好い変奏曲風にアレンジしている。また、エンドクレジットで「いつのまにか……」をしっかり聴かせているところにも好感がもてる。音楽プロデューサーとしてクレジットされているだけあって、多賀は周到なプランと意志をもって陽水の曲をセレクトして、これらの曲を実に効果的に使用している。まだ映画音楽作曲家としては駆け出しだった星勝のセンスもなかなかのものだ。

八〇年代に入って映画と音楽のタイアップ路線（実はレコード会社の安直なプロモ戦略）が常態化すると、本篇とは縁もゆかりもないような曲が突然エンディングで流れ出し、観客の軽蔑と嘲笑を浴びるというケースが激増する。時代的にはその先駆的役割を果たした「放課後」ではあったが、彼らと多賀の見識には天と地ほどの差がある。

■逃避か？　社会批判か？

というわけで、多賀の努力もむなしく、映画のほうはほとんど話題にならなかったが、名古屋エリアで「夢の中へ」に最初の火がつく。

日頃は他人のまえで感情をあらわにすることの少ない陽水も、さすがにはじめてのヒットに相好を崩したことだろう。

ところが、この曲を聴いた富澤は相好を崩すどころか、苦虫を嚙みつぶしたような表情を浮かべるのである。なぜか?


ぼくは正直言ってこの曲は好きではなかった。

「なぜ、好きでないのか?」

と自問自答しても明解な答えは出せなかったけれども、なかなか好きになれなかった（富澤一誠『俺の井上陽水』）

理由は説明できないけれど、なぜか好きになれない曲というのは誰にでもあるものだ。富澤の第一印象もそんなことだったのだろうが、あえて彼の想いを代弁すれば、およそ陽水らしからぬ底抜けに明るいアップテンポなメロディーと、かつてなかったような軽快な歌詞に、とまどってしまったのではないかと思う。

そんなある日、この曲に対する富澤の印象を一八〇度変える出来事が起こる――。

ぼくが知り合いの高校三年生になる女の子とコーヒーを飲みながら話をしていると、たまたま話題が陽水のことになった。

彼女は、おもむろに、

「富澤さん、陽水の『夢の中へ』知ってますか？」

と尋ねるので、ぼくは当たり前だよというような顔をして、

「うん、知っているよ」

と答えた。

すると、彼女は、コーヒーを口に運ぶのを途中でよして、長々と話し始めたのだった。

「あのね、私、陽水ってこれまで全然知らなかったんですよね。あれは、いつのことかな？とにかく、深夜放送を聞いていたのね。すると、すごいハイ・テンポの曲がかかっているじゃない。これはいい、なんて耳を傾けたのね。すると〝探しものは何ですか〟なんて歌っているじゃない。でも、聞こうと思ったら、もう終わりじゃない。それで私、どうしても聞きたかったので下北沢のレコード店へ買いに行ったのね。そうよ、五〇〇円を出して買ったんだもんね。そうして、お家へ帰って聞いたのね。

初めは、ただいい歌だな、と思ってただけだったの。ところが、ふと寝るときにヒラめいたのね。これはすごい歌なんじゃないかって……。（中略）

なんか、すごく社会を批判しているっていうのかなあ。〝夢の中へ夢の中へ行ってみたいと思いませんか〟っていうのだって、ただ私たちが今考えているような夢なんかじゃないのね。

うーん、うまく言えないなあ、つまり……」

まだそのときは、言葉をつまらせながら一生懸命言おうとしている彼女の真意はわからなかったけれども、その日、彼女と別れて家に帰って改めて「夢の中へ」を聞いてみると、その真意がわかった。（前掲書）

すごい女子高生がいたものである。「夢の中へ」に対する富澤一誠の評価を一変させてしまうのだから。しかも彼女、その後のマスコミがこぞって唱えることになるこの曲の解釈を、ズバッと言い当てているのである。

はからずも女子高生に啓発された富澤が感得した、この曲の歌詞の真意とは――。

（この曲で歌われている）なにかを探している人間は、現実のぼくらではないだろうか。休む事も許されず、笑うことも止められて、社会という大機構の中で這いつくばってかろうじて生きているぼくら。そんなぼくらの現実の姿を陽水は明確に歌っているのではないだろうか。そして、そんなくだらないことをやっていないで、もっと楽しい夢の中へ行きましょうと歌ってもいる。

確かに、夢の中へ行くということはなんの解決にもならない逃避かも知れない。しかしながら、横暴な強制的な社会機構から逃れるためにはそれしかないだろうと言っているのだ。その裏には強烈な社会不信が渦を巻いていることは言うまでもない。

すなわち、この「夢の中へ」は、陽水が社会に示したアンチ・テーゼなのだ（中略）。

陽水の歌は、どれもメロディーがきれいだけにややもすると、そちらばかりに気をとられ、「なんてセンチメンタルなんでしょう」と思われがちだが、そのセンチメンタルの裏には陽水の強烈な自己主張が隠されているのである。（前掲書）

前回のインタビューで陽水が話していた「脱皮」「歌に緊張感を求める」という言葉の意味を、富澤はようやく理解した。

「夢の中へ」を完成した時点で、すでに陽水は新たな地平に立っていたのだ。

■陽水ブームと富澤の涙

名古屋エリアで熾った火種は、またたく間に全国へ飛び火していった。売り上げはうなぎ登りにアップし、いまや二〇万枚に近づく勢いである。しかもその連鎖反応で、シングル・カットされた「傘がない」やアルバム『断絶』『センチメンタル』も、すさまじいペースでセールスを伸ばしていた。陽水ブームの到来である。

レコード会社（だけに限らないけれども）というものは現金なものだ。「陽水は売れる！」と踏むと、まるで掌を返したように今度は「新しいアルバムを作れ！」と矢のように催促する。

多賀は困ってしまった。なんといっても相手は、若手ながら〝一筋縄ではいかない男〟のサンプルのような井上陽水である。「すぐ新曲を作れ」「ハイ、わかりました」という会話は成り立たない。ミュージシャンやソングライターのなかには、レコード会社の御用商人のような「ご無理ごもっとも」というタイプもいるにはいるが、陽水はそうではない。しかもシングル盤ならまだしも、アルバムとなれば十曲は必要になるだろう。前年末に『センチメンタル』をリリースしたばかりの彼に、十曲ものストックはなかった。

そこで窮余の一策として多賀の思いついたアイディアが、ライブ・アルバムの制作だった。四月には陽水のソロ・リサイタルが予定されている。これを丸ごと収録してしまおうという作戦である。リサイタルだから、当日のセットリスト（曲目）には当然、既成曲ばかりが並ぶことになり、新曲はない。しかし、人気が急上昇しているいまの陽水ならば、そこそこは売れると多賀は予測したのだ。が、彼の〝そこそこ予測〟は大きく外れることになる。

一九七三年四月十四日。東京・新宿厚生年金会館小ホールのまえには富澤の姿があった。待ちに待った陽水のソロ・リサイタルである。

陽水のステージを観るのは昨年十月の青山タワーホール以来だが、あれから半年で彼をとりまく環境は一変してしまった。レコードは飛ぶように売れ、いまやポリドールの若手アーティストを代表する期待の星である。結果的に富澤の予測はみごとに当たったことになるわけだが、それにしてもこの喧噪ぶりはすごい。昨秋のタワーホールとは大違いだ。入口は、満席のために会場へ入れないファンでごった返している。その数も軽く二〇〇人は超えているだろう。この光景に思わず気圧された富澤は、「夢の中へ」以降の爆発的な陽水人気にあらためて驚かされた。

超満員の大歓声に迎えられて、いよいよ幕があいた。

陽水が出て来た。

もう割れんばかりの拍手と歓声である。

一部はアコースティック・ギターによる弾き語りだ。

「夏まつり」「いつのまにか少女は」「紙飛行機」など数曲を一気に歌った。

ぼくは、それらに酔いしれていた。まったく陽水の出来は素晴らしかったし、なによりも彼自身、リサイタルということもあってノリにノっていた。

ところが……、

そんなムードがガラリと一転した。

ステージではめったにしゃべらない陽水がしゃべったのだ。いつもだったら「井上陽水です」ぐらいしか言わないのだが、その日の陽水は……、

「えー、実はうちの親父が亡くなりまして……うちの親父は福岡で歯医者を開業していたのですが、ひとり息子のぼくが跡を継がないでこんなバカな道に入ってしまったものだから、余生を生まれ故郷の高知ですごそうと移って……それから三日後に……」

あとはもう言えなかった。それにつられて会場がシーンとなると、涙をこらえているのだろう。陽水の「ハァー、ハァー」という泣き声ばかりが聞こえている。

会場のあちこちから、もらい涙が聞かれた。

ぼくも、思わず胸がつまった。

父は今年二月で六十五、顔のシワはふえてゆくばかり……と「人生が二度あれば」を歌い出した。

陽水は涙をいっぱいためて亡き父のことを思い出しているのだろう。そんな気持ちが陽水の歌からびんびん伝わってきた。（前掲書）

富澤はこの日、はじめて陽水が父を亡くしていたことを知って愕然とする。二月にインタビューしたときには、そんな素振りを微塵もみせなかったからだ。

哀しみに堪えながら陽水が歌う「人生が二度あれば」を聴きながら、はからずも富澤は落涙していた。この歌の歌詞に、彼もまた信州にいる自分の父親を重ねていたのだった。

思えば、父の保護のもとで何不自由なく育ち、父が整えてくれた立派な部屋で受験勉強にも存分に打ち込めた。そのお陰で念願の東大にも現役で合格することができたのだ。そんな父の想いを十分に知りながら、歌手を夢みて挫折し、作詞家修業にうつつを抜かし、コンサート制作で大赤字を抱えた。そして、いまの自分は東大を中退し、音楽評論家などと呼ばれて浮かれているのである。

人生が二度あれば……この人生が二度あれば……。そうなんだ。俺の人生が二度あれば、一度は東大を卒業して親父の期待に応え、もう一度の人生で堂々と音楽評論家の道をまっとうできるのに……。富澤の想いは、ステージで熱唱する陽水と同じなのだった。

■氷の世界

富澤は、父に東大の卒業証書に代わるものを贈りたいと考えていた。

陽水が「夢の中へ」のヒットを父の墓前に報告したように、自分も何か大きな仕事を成し遂げて、少しでも父を喜ばせることができたらいいなと思った。それにはどうしたらいいのか。

たしかに最近は仕事のオファーも増えて、音楽雑誌をはじめ学研や旺文社の学習誌などへの連載、週刊誌や新聞社からの原稿依頼を多数抱えるようになった。一年前とは比較にならないほどの収入も手にしている。しかしその反面で、いまの仕事に何となく満ち足りないものを感じはじめてもいたのだ。

それが何なのかは判然としないが、新譜のレコード評、コンサート評、アーティストの紹介記事や動静、フォーク界の交遊録や裏話を書いているだけでは満足できなくなっていることはたしかだった。そうした旬の情報を読者に提供するのも任務のひとつではあるけれど、こうした仕事は大半の同業ライターもやっていることだ。それだけではなく、自分にしかできない仕事と取っ組んでみたい。それには、自分にしかない独自の視点、独自の切り口、独自のテーマが必要になるだろう。それを見つけない限り、いつまでたっても自分は《オンリーワン》にはなれない、と富澤は思うのだった。

陽水は一年前の〝お化けキノコ〟の日々を脱して、ようやく探しものを見つけたけれども、自分はまず、求めている探しものが何なのか、それを先に見つけなくてはならない。

六月に入ると、陽水はニューアルバム『氷の世界』のレコーディングに入った。

このアルバムから単独で「プロデューサー」としてクレジットされることになる多賀の鼻息は以前にも増して荒く、八月にはロンドンでのレコーディングを予定していた。

翌月、新宿厚生年金会館のリサイタルを実況録音した『陽水ライブ　もどり道』がリリースされるや、またたく間に五十万枚を売り上げる。多賀の回想である。

「ぼくは会社にはいって三年間レコードのセールスをしていたから分かるんですけど、十万枚売れるというのは並大抵のスピードじゃないんですよ。レコード店で見ていて、くる客くる客がそのレコードを買っていくというぐらいの状態じゃないと、十万枚は売れない。それがあっというまに五十万枚売れたんですからね。だから『氷の世界』を出すときは、これはそらおそろしいことになるぞと思ってましたね」（海老沢泰久『満月　空に満月』）

陽水が追い風に乗っていることは多賀も十分に感じてはいたが、新曲が一曲も入っていないライブ・アルバムが五十万枚という数字を叩き出すとは夢にも思っていなかった。まさに驚天動地の出来事である。しかしこの椿事が、後に連続して起こる第二・第三のエポックの予兆に過ぎないことを、このときの多賀は知らない。もちろん陽水も富澤も。

『もどり道』の快挙は、ニューアルバムのレコーディングに携わるすべての人々のモチベーションを飛躍的に高めることとなる。こうなったら、どこまでも突っ走るしかない。いままでにならなかったような最高のアルバムを作ろう！——という気概を全員が共有していた。

八月。国内での作業をいったん休止した多賀、陽水、アレンジの星勝、ギターの安田裕美らは、日本を離れ、ロンドンのトライデント・スタジオでレコーディング作業に入る。

ロンドンでは五曲をレコーディングする予定だったが、日本から持っていった曲は三曲しかない。陽水は滞在先のホテルでも作曲をつづけた。そして、問題が勃発する。

タイトルチューンとなる「氷の世界」の詞が、どうにも多賀には気に入らない。

窓の外ではリンゴ売り、声をからしてリンゴ売り、きっと誰かがふざけてリンゴ売りのまねをしているだけなんだろう……こりゃ、いったい何だ⁉

このときの多賀のリアクションは、ある意味でまっとうである。プロデューサーという立場にある以上、リスナーが理解できないような詞を採用するわけにはいかない。陽水に再考をうながす責任が自分にはある。ところが、陽水は頑として多賀の意見を受け容れようとはしなかった。両者にはこれまでにも曲をめぐる意見の対立はあったが、最後は多賀の提案に同調してきた。崖っぷちの自分を拾ってくれたという恩義もあったし、何よりもプロジェクト・リーダーとしての多賀を信頼していたからだ。

しかし、今回だけは違った。どこまでも自分の主張を貫く陽水と、あくまでも詞の書き直しを求める多賀。二人は烈しい火花を散らす。

音楽に限らず、いったいに創作を生業にしている人には生活の万般において強いこだわりを持つ趣味人のタイプが多いが、陽水の場合にはマージャンは別としても、趣味やこだわりについて熱く語っている場面を見たことがない。たいがいはこんな感じなのだ。

「ときどきふっと、自分はなにを大切にしているんだろうと思うわけよ。だれかがね、おれのなにをこわしたら、なにを侵害したら怒るのかなって考えたら、テレビぐらいしかないんだな、これが（笑）。あとはギターをこわそうがレコードを燃やそうが、怒りはしないね。自分の大事にしているものがそんなに少ないというのは、非常に悲しいね」（『ヤングギター』一九七八年八月号）

そんな陽水も、曲作りに関しては人が変わる。プロだから当然という見方もあるだろうが、関係者の証言を総合すると、彼の楽曲制作に向かう姿勢には妥協を許さない厳しさが感じられる。つまり完璧主義なのだ。「どうでもよいことは流行に従い、重大なことは道徳に従い、芸術のことは自分に従う」とは小津安二郎の言葉だが、たぶん井上陽水もそういうタイプの人なのだと思う。

彼が「氷の世界」の詞にこだわったのは、ボブ・ディランの「Just Like a Woman」を聴いて会得したテクニックを試してみたかったからだった。それはこういうことだ。サビの部分を最大限に生かすためには、そこにいたるまでの詞に意味を持たせないほうがいい。むしろ意味のないことを言っておくほどサビが生きてくる……。

「(ディランの曲の)〝Just like a woman〟という一番大事なところが、おれの歌では〝毎日、吹雪、吹雪、氷の世界〟というところなわけよ。その言葉がありさえすれば、あとはもう窓の外でリンゴを売ろうがキュウリを売ろうが何でもいいんだと思ってたよ」(海老沢泰久『満月 空に満月』)

ねばる陽水に根負けした多賀は、けっきょく陽水のこの一言で折れた。

「多賀さんもそんな食わず嫌いはやめて、たまにはぼくのものも食べてくださいよ」

■心もよう

九月十三日にロンドンから帰国した一行は、息つく暇もなく国内でのレコーディング作業に入ったが、ここでもまた大きな波乱が待ち受けていた。

収録曲の一曲「白い一日」は、多賀が手がけている小椋佳の詞に、陽水が曲をつけて歌うことになっている。ちなみに彼が他人の曲や詞で歌うのは、井上陽水としてデビューしてからはじめてのことで、今回のアルバムには他に「あかずの踏切り」(星勝の作曲)、「帰れない二人」「待ちぼうけ」(忌野清志郎との共作)、「桜三月散歩道」(長谷邦夫の作詞)の四曲が収録されている。

曲作りに関して陽水は「完璧主義」だと先に書いたが、後に「本来なら、いちばんいいのは、曲をもらって、詞ももらって、アレンジもしてもらって、ギターも弾いてもらって、歌だけ歌っているのがいちばんいいんじゃないかと思っているんですけど……」などと嘯いているところをみると、他人の曲や詞で歌うことには抵抗を感じないようである。

それにしても、今回のアルバムには実にバラエティーに富んだ曲が出揃った。ロンドン録音の「氷の世界」はファンキーなロック、「白い一日」は一転して叙情派フォークの王道であり、「帰れない二人」はメジャー・コードの洗練されたラブソングである。そしてもう一曲、これこそ叙情派路線の白眉といえる「心もよう」にも触れないわけにはいかない。

多賀は「氷の世界」のリリースに先立って、シングル盤の発売を計画していた。「夢の中へ」で成功した戦略であり、今回はアルバムの収録曲から二曲をチョイスすればよい。うち一曲は満場一致で「帰れない二人」に決した。ところが、もう一曲がなかなか決まらない。思案の末、多賀は陽水の手持ちの曲から「僕らが旅へ出て行くわけは」という未発表作品を探し出す。かつてベッツィ&クリス（一九六九年に『白い色は恋人の色』が大ヒット）という女性デュオのために書いて不採用になったものだ。

多賀はこの曲にビビッとくるものを感じたが、メロディーはともかく詞がまったくイケてない。「遠くの街の駅で／降りて空を見ると／線路の脇に草がある／草のにおいで旅を知る／僕らが旅へ／出て行くわけは……」

多賀は陽水に書き直しを指示し、さらに改訂を加えたものが、今日私たちがよく知る〝さみしさのつれづれに……〟ではじまる「心もよう」である。このタイトルも多賀の発案だった。

こうしたプロセスを経て、シングル盤は「帰れない二人」と「心もよう」の二曲がチョイスされたが、「どちらをA面にするか」をめぐって、多賀と陽水陣営が烈しく対立する。

多賀の言い分はこうだ——。

「どっちかというと、『帰れない二人』をポップスとするなら、『心もよう』は演歌ですよ。マイナー・コードの曲に、センチメンタルな歌詞がぴったりと合って、非常に分かりやすい。それで、おれはこれで行くと陽水やスタッフたちに言ったんです」(前掲書)

これに対して、あまりにもセンチメンタルな歌になってしまったことで内心忸怩たるものを感じていた陽水はもちろんのこと、編曲の星勝、ギターの安田裕美やマネージャーはこぞって「帰れない二人」推進派であった。両者の主張は平行線をたどるばかりで、レコーディング作業は中断。しかし、このときばかりは多賀も一歩も譲らず、最終的にはプロデューサー権限を行使して「心もよう」をA面とすることで決着した。

このときの多賀の態度は立派だと思う。二曲を比較すれば、音楽的なクオリティで「帰れない二人」が勝っていることを理解できない多賀ではない。しかし彼には、何が何でもヒットを叩き出さなければならない重責があった。それには、センチメンタルだろうが演歌的だろうが、昭和のリスナーの琴線をダイレクトに揺さぶるような曲が必要だったのである。

この〝お家騒動〟は多賀と陽水のあいだに少なからぬシコリを残したが、シングル盤は九月二十一日の発売と同時に五十万枚を超えるヒットを記録。その後、「夢の中へ」を凌駕する八十万枚という途方もないミラクル・ヒットを叩き出すことになる。

あとは本丸たるアルバム『氷の世界』の発売を待つばかりとなったが、もはや不安材料は皆無といってよかった。なにかとんでもないことが起こる予感に、多賀は打ち震えた。

いっぽうで陽水は体力を振り絞るようにして、プロモーションに、コンサートに、全国を精力的に駆けめぐるのだった。

ちょうどそんな頃、富澤一誠もまた、東大の卒業証書に代わる「大仕事」と取っ組んでいたのである。

第五章

ミリオンセラー

井上陽水『氷の世界』(73年、ポリドール)

■青春自叙伝

陽水がロンドンでレコーディングしているという情報はもちろん富澤の耳に届いていたが、今度のアルバムがどういった内容になるのかはわからなかった。

それにしてもデビューして一年ちょっとの「新人」が渡英とは驚いた。むろん大ヒットした「夢の中へ」の余勢を駆ったものだろうが、叙情派フォークの雄である彼の音楽とロンドンが何となく結びつかないような気もした。

そこへシングル・カットされた「心もよう」が発売されるや五十万枚を一挙に売り上げ、現在もセールス枚数は増え続けている。富澤にとってはダブルの驚きである。陽水と自分の距離がどんどん離れていくような淋しさを覚えたが、彼を羨んでばかりはいられない。一日も早く陽水に追いつかねば……。

卒業証書に代わるものとは何だろう。それを探していた富澤に思わぬ朗報が飛び込んできたのは、ちょうどその頃だった。

「深夜放送ファン」編集長を辞して出版社を起ち上げた中原雅治が、富澤に単行本の執筆を提案してきたのである。

「富澤くんはとても貴重な体験をしている。苦労して東大に入って、それなのに中退してしまった。これだけでも、ふつうの人はもったいないと思うだろう。しかも歌手になりたいから東大を辞めたなんて誰が信じられるだろうか。私は富澤くんに、そのあたりのことを率直に告白して書いてもらいたいと思っている。これは青春というものを考えるうえで、とても大切なことだし、何をしていいかわからないで困っているたくさんの若者たちに対しても、きっといいアドバイスになると思う。

富澤くんは加藤諦三を知っていると思うが、今さら加藤諦三でもないだろう。彼に代わって青春論の新しい旗手になれるのはキミしかいない。どうだ、本気で書いてはもらえないだろうか……」(富澤一誠『音楽を熱く語るたびに夢が生まれた!』)

中原の依頼はフォーク関係の本ではなく、意外にも富澤の青春自叙伝だった。

自分の書くものが「何をしていいかわからないで困っているたくさんの若者たちに対するアドバイス」になるのならば、これほど嬉しいことはないし、こんなやりがいのある仕事はないかもしれない。

陽水が歌によって若者たちの焦燥感や苛立ちを代弁するなら、俺は文章で迷える彼らに生きる勇気を与える――そんな本になるのなら、ぜひ書いてみたい。それに、そのころベストセラーになっていた加藤諦三の青春論は何冊も読んでいる。富澤は中原の提案を欣喜雀躍して受け容れた。

十月。富澤は一ヵ月あまりを費やして書き上げた三百五十枚の原稿を中原に渡した。日々の雑誌原稿からは味わえない達成感と清涼感が全身を領していた。

ぼくは、高校時代、大学受験、大学生活、中退、歌謡学校入学、作詞家のアシスタント、コンサート・プロモーター……音楽評論家にいたるまでの、ぼく自身の生きザマを赤裸々に描いた。

それは取りも直さず、東大に背を向けて、俺がしたい本当のものは何かを探す旅だったが、この本の底に流れる感情は「傘がない」とまったく同じものだったのだ（富澤一誠『俺の井上陽水』）

出版が決まると、富澤はカバーのイラストを東大の先輩で後に小説「桃尻娘」で一世を風靡する橋本治に懇請。そして、推薦文は躊躇なく井上陽水に書いてもらうことに決めた。

そうと決まれば、即断即決の富澤一誠である。いまなら「事務所を通して……」という段取りを踏むところだろうが、とにかく時間がない。すぐにスケジュールを調べた富澤は、女優の桃井かおりと対談中の陽水を直撃する。

対談を終えて出て来た陽水をつかまえて、いきなり、ぼくは言った。

「陽水君、実はね、頼みたいことがあるんだけど……、今度、ぼくね、単行本を出すんだよね。

内容は、今までのぼくの生き方、まあ、自伝みたいなもんだけどね。その推薦文を書いてもらいたいんだ」

「本当……で、いつまで？　内容は……」

と陽水は急に言われたのにびっくりして尋ねた。無理もない。

「実はね、明日まで。急いでいるので、ごめんね。内容は、本当はゲラ刷りをあげればいいんだけど、ないんだ。そのかわり、それと同じ内容のテープがあるんだ。これは、昔、ラジオ関東（現・ラジオ日本）でやったものだけど、この本とまるっきり同じ内容なんだ。だから、これを聞いて、書いてね。本当に、お願いするよ」（前掲書）

翌日、所属事務所のマネージャーから陽水の推薦文を受け取った富澤は、絶句する。それは一枚の便箋に、少しクセのある見慣れた彼の手蹟でこう書かれていた。

あなたが、この本を読んでみて——
楽しい事がわかるといい
悲しい事がわかるといい
克服する事が、わかるといい
無意味である事が、わかるといい

愛する事がわかるといい
そして、幸せになれるといい

あなたがこの本を読んで
若い事がわかるといい

推薦文というよりも、一篇のポエムである。

このわずか九行の言葉の連なりが、まさにこの単行本のエッセンスなのだった。

■過去が知りたい

九行の文章を何度も読み返した富澤は、陽水の鋭い感性と洞察力にあらためて驚かされる。実際にゲラ刷りを読んだわけでもなく、ただラジオ音源を聞いただけで、なぜこの本のエッセンスを透し見ることができたのか、不思議ですらあった。

なかでも富澤をもっとも感動させたのは、「無意味である事が、わかるといい」「若い事がわかるといい」というフレーズだった。

そうだ。最終的には他人の生きザマなどどんなに奇抜でカッコ良くても関係はない。問題は自分自身の生き方なのだ。他人の生きザマにどれほど感動しても、しょせんは他人。それよりも自分の生きザマを見つけなくては無意味なんだよ。

加えて、そうすることがひいては若いということ。それが生きるということだ。

きっと陽水は、この推薦文で、そう言っているのだろう。

ぼくには痛いほどよくわかるのだ。（前掲書）

余談だが、富澤はもうひとり、泉谷しげるにも推薦文を依頼していた。

参考までに、これも全文を紹介しよう――。


止せばいいものをこんな本作っちまって、エーいったいどういう気だ。

君が生きてきた二十年そこそこの青春や人生が、一体何んだというんだ。それをさらけ出した所で、人々の何に共感を求める気だ。「たかがアオ臭えガキの能書きをよオ」とアザ笑う奴が大半をしめるに決まっているサ。よせよせ、奴らに売るのは。

人間だれでもひた向きに生きる姿は美しい。まして青春の時は美しく見えるものだ。

親愛なる一誠君よ。

一言で書かれる事を長々と説明する人には、俺本当はなって欲しくないんだ。

まるで身も蓋もないような文章のようで、実に泉谷らしい愛情のこもった推薦文だと思う。ちなみに、泉谷と富澤はその後、些細な音楽観の違いがもとで犬猿の仲に。なんと四十年の歳月を経て、ようやく「和解」したという、まことに微笑ましいエピソードが残っている。

それはともかく、陽水が寄せてくれた推薦文を読んで、富澤は井上陽水という人間について、もっと知りたくなった。

考えてみれば、彼がいままでどんな人生を歩んできたのか、詳しいことは何も知らないのだった。陽水自身もまた、自身の来し方についてはほとんど語らず、ライブ・アルバム『もどり道』のジャケットに《うれいの年表》と題する自筆年譜が掲載されている程度である。

富澤は、彼が上京して「井上陽水」としてデビュー（再デビューでもある）するまでのプロセスに、とりわけ強い興味を覚えた。

十一月に入ると、偶然にも富澤のところに陽水への取材依頼が三件も飛び込んでくる。これまでさまざまな音楽雑誌で陽水の話題をとりあげては、「七三年は陽水の年だ！」と書きまくってきた富澤だったが、その予測がズバリ当たってしまったことで、業界筋には〝陽水の権威〟として認識されていたのだ。

幸いにも取材のなかに「ギター・ライフ」という雑誌に掲載する、《井上陽水物語》という企画があった。ちょうどいい。この機会に本人の口から自身の過去を洗いざらい聞き出してやろう、と富澤は心に決めた。

こうして取材当日を迎えた富澤は、陽水と所属事務所のマネージャー・川瀬泰雄をまえにインタビューの糸口を探していたが、なかなか本題へ入るタイミングが摑めない。まさか富澤の肚の内を察していたわけでもないだろうが、逆に陽水のほうからさまざまな質問を浴びせてくるので、どちらが取材されているのかわからない。しかも質問のなかには、富澤が「新譜ジャーナル」の七月号に書いた《世間知らずの佐渡山豊》という論考をめぐる疑義などもあって、想定外の成り行きに狼狽しつつ質問には答えたものの、これだけでもかなりの労力を消費しなくてはならなかった。

「実はね陽水君、ギター・ライフに《井上陽水物語》という読み物を書くことになって。一応ぼくは陽水君の専門家ということになっているんだけども、考えてみると陽水君の過去をほとんど知らないんだよね。そこで今日は去年《断絶》でデビューするまでの話を聞かせて欲しいんだけど……」

いよいよ核心に迫ろうと話題を仕切り直した富澤だったが、陽水は「昔のことは話したくない」と言って急に口が重くなる。

たしかにアーティストの過去を知ることに何の意味があるのか、という議論はある。作品と作者は別ものである、という意見の人もいる。しかし、本当にそうだろうか。「音楽を聴くとは、結局は音楽そのものの裡に作家の人間を感じる事で、逆に言えば、作品というゲビルデ（形象物）を通じて聴衆の一人一人が作家のビルド（イメージ）を自分で創り出すことに外ならない」

という音楽評論家・田代秀穂の言葉は、まさに聴衆＝リスナーのメンタリティーの深層を射抜いた至言だと思う。

もちろん、すべてのアーティストの過去に興味を催すわけではないにしても、こと陽水に関していえば、彼の作品を聴いて（聞くのではない）「この作者のことをもっと知りたい！」と思わない人がいるだろうか？　逆にいうと、作者のすべてを知りたくなるような作品を創造する人物――それが井上陽水というアーティストなのである。

■空白の一年間

富澤の粘り腰に根負けしたのか、ようやく陽水は重い口を開いた。

その当時、陽水の過去――ことに上京した一九六九年から七二年のはじめ頃までの彼の活動についてはほとんど公表されていなかったので、下世話な言い方をすれば、これを聞き出しただけでも富澤は《大スクープ》をものにしたことになる。

陽水の回顧談は福岡の浪人時代からはじまり、ラジオ番組で「カンドレ・マンドレ」で注目されたのをきっかけに上京したこと、アンドレ・カンドレの芸名でCBSソニー（当時）からシングル・デビューした経緯など時系列で進んでいったが、富澤がもっとも知りたかったのは、アンドレ・カンドレ時代から井上陽水という本名でデビューするまでの空白期間の動静であった。

富澤　それで、「カンドレ・マンドレ」は売れたの？

陽水　全然……（笑）。

川瀬（マネージャー）　結局ね、要するに岡林とかあの辺が、全盛だったでしょう。だから受け容れられない部分があるわけです。（陽水は）もっとポップス的だったし、その頃のフォークというと、もう自分の思想がどうのこうのってばっかりじゃない。そうするとね、夢を歌ったりなんかすると何か違うっていう形で受け取られたみたいですね。ところが風体が割りかしプロテスト・ソングを歌うような恰好だったので、どうしてもそっちの方を歌わなきゃ駄目みたいなね。いろいろ試行錯誤があったもんねえ。

陽水　うん、そうねえ。

富澤　レコードはシングル出した？　ソニーではLP出してないでしょう。

陽水　うん、シングル三枚出しただけ。

富澤　三枚も出したの、全然知らなかった。曲名は？

陽水　駄目よ、探しちゃ（ワッハッハハと笑う）。

富澤　それでソニーにはいつまでいたんですか？

陽水　七二年の……結局ね。七一年かな。えーと、ポリドールに来たっていうのは、七二年、いや七一年の十月に（LP『断絶』の）レコーディング始めたんだから……そして、シングル盤（シングル『人生が二度あれば／断絶』）は翌年の三月一日に発売したんだから……、（ソニーにいたのは）七一年までですね。

富澤　ポリドールに移籍する前までかなり年数があるでしょう。それまでは何をしていたんですか？

陽水　マージャンやってた。毎日やっていたよ。仕事が全然なかったし、ほとんど一ヵ月に二回ぐらいだったから。

富澤　じゃあ、ソニー時代っていうのはまるっきり空白ですね。

陽水　空白ですねえ。

富澤　どこで何をしていたか全然わからない、神秘のベールに包まれたソニー時代か……。

陽水　結局それが僕のポイントだっていうことですよね。それ以前は抹殺しようという方針だったんですよ。どこから来たんだろうっていうイメージを強く持たせるためにね。（前掲書）

神秘のベールに包まれていることが「セールス方針だ」と釘を刺されてしまっては、さしもの富澤もこれ以上は突っ込めないだろう。無理して聞き出したところで、どうせ雑誌には書けないわけだし……と、取材仕事をなりわいの一つにしている私などは思うのだが、富澤はそうではなかった。

とまあ、こんなふうに、ぼく自身は手をかえ品をかえて、なんとかしゃべらせたのだが、

《アンドレ・カンドレ》の芸名で最後にレコードを出した七〇年十月の「花にさえ鳥にさえ」で、井上陽水としてファースト・アルバム『断絶』のレコーディングに入ったのが七一年十月だから、この一年間の空白をどうにかしてしゃべらせようとしたが「マージャンばかりしていた」とうまくゴマかされてしまった。

「そうはなるか」とぼくも盛んにジャブで応酬したが、なかなかクリーン・ヒットは出ず、とうとうドローになってしまった。

この空白の一年間をぼくなりに調べてみたのだが、どうもここはわからない。陽水の側近の人たちに訊いても「知らない」の一点張りだった。

人間、隠されればますます知りたくなるのが人情だが、こと陽水の空白の一年間に関してはどうにもならなかった。

そこでぼくはあらゆる想像をめぐらしたのだ。おそらく、この一年間は、陽水は食うためになにか他人に言えないようなバイトをしていたに相違ない。

ある人は「横浜で沖仲仕をしていた」と言う。またある人は「日雇いに出ていた」と言う。はたして真相は、どうなのか？　人間誰しも他人に知られたくないことのひとつやふたつはあるものだ。それは陽水のみが知っているのである。（前掲書）

いまから半世紀もまえの一九七三年の時点では、ここまで調べ上げるだけで精一杯だったと思う。《神秘のベールに包まれた人》のイメージを守るために、陽水も側近の人々も、黙して語らずのスタイルを貫いていたのである。

しかし、時代が変われば人も変わる。井上陽水も変わるのである。後年のインタビューでは

「その間、何をやってたかというとクラブで歌う仕事ね。つまりクラブの弾き語りですよ。弾き語りつったって演歌の一つも知ってるわけじゃない変な弾き語りでね。ハコっていうんですけど、いろんな所へ一ヵ月契約で事務所が歌い手を送り込むんです。僕もそういう仕事をやってて、五反田のエスペランサとかいろんなとこへ行きましたねぇ」（『月刊カドカワ』一九九二年五月号）と空白の一年間について語っている。

場末のクラブ廻りと聞くと、なんとなく不遇時代の悲惨な日々を連想される向きもあるかもしれないが、陽水の場合にはさほどウエットな印象はない。むしろアマチュアを経験せず、成り行きでレコード・デビューしてしまった彼にとって、クラブ客のまえで歌うことは恰好の度胸だめしになるし、とにかく場数を踏むことがなによりの修業でもあったのだ。

「クラブ時代というのは今振り返ると、こういうたとえをするとおこがましいけど、ビートルズのキャバーン時代とかハンブルグ時代ですね。だから音楽的にすごく上達したんですよ。声の出し方が全然違ってきたし、レパートリーも増えたしね」（前掲書）

いまや陽水ファンなら誰でも知っている彼の下積み時代のエピソードだが、当時の音楽業界にあっては、「傘がない」「夢の中へ」の井上陽水がクラブ歌手あがりでは困るのだろう。演歌の世

界ならともかく、その頃の陽水はまさに彗星のように現れたフォーク界のニューヒーローだったのだ。そんな彼に、やはり五反田のエスペランサは似合わない。

もっとも下積み時代とはいっても、たかだか一年間に過ぎない。ここは苦節十五年の小林幸子と大違いである。その意味で、陽水は類い稀なる幸運の持ち主といえよう。

その幸運を運んできたのは、当時の所属事務所「ホリプロダクション」のスタッフ、川瀬泰雄、安室克也、奥田義行の三人だった。ＣＢＳソニーから捨てられ、ホリプロからの解雇通達を待つ身となっていた陽水を助けるべく、彼らはデモテープを携えて国内のレコード会社を駆けずりまわる。

陽水のデモテープに反応した唯一の人、それがポリドールの多賀英典だった。

■前人未到の快挙

十二月一日。多賀と陽水が何度も火花を散らした渾身のアルバム『氷の世界』が発売になる。多賀は『陽水ライブ　もどり道』とシングル・カットした「心もよう」の驚異的なセールスから、『氷の世界』がそれ以上の売り上げを記録するのは必至と予測していた。しかしこの日、日本全国のレコード店では多賀の予測をはるかに上回る事態が出来していたのである。

井上陽水の前身、アンドレ・カンドレを東京へ送り出した元ＲＫＢ毎日放送の野見山実は、この日の朝に目撃した福岡市内のレコード店の様子を、驚きとともにこう回想している。

「早起きして（繁華街のレコード店に）行きました。十二月一日は寒かったですけど、しんしんとしたなかに汗だくで（お客さんが）並んでる……百名か二百名か。とてもじゃないけど、そばに寄れる状態じゃないんですね。殺気立ってる。積み重ねた段ボールのフタを開けて、中からレコードを手渡すという。そして、お金も段ボールに入れるという。これはどういう現象だろうか、と。はじめて目撃した。レコードに……アルバムにこんな人だかりがして、売れるという。驚きと感動で、胸がふるえるようでしたね」（NHK-BSプレミアム『井上陽水ドキュメント　氷の世界40年』二〇一三年十二月二十八日放送）

発売二週間後からオリコンのヒットチャートで一位となってから、首位の座を十三週連続で維持。それでも売り上げは衰えることなく、七五年にはついにLPセールスにおいて、日本人アーティスト初の《ミリオンセラー》となる。

記録というものはいつか必ず破られるものだが、誰よりも早く頂上に立った者の名は、永遠に人々の記憶に残るのである。ちなみに、これまで日本で発売されたLPレコード（アナログ・ディスク）で、百万枚以上の売り上げを記録したものは『氷の世界』以外に、『起承転結』（松山千春）、『ソリッド・ステイト・サヴァイヴァー』（YMO）、『Reflections』（寺尾聰）だけである。富澤一誠もまた『氷の世界』の驚異的な売り上げに唖然・呆然となった一人だった。

これには、ぼくもびっくりした。できのいいアルバムなので、さらに「心もよう」も大ヒットしていたので、かなりの枚数はいくなとふんではいたのだが、まさか一ヵ月で三十万枚とは……とても想像はできなかった。

ふつうアルバムの売れ行きは、森進一、五木ひろし、沢田研二クラスでも数ヵ月で十万枚いくかいかないかである。それを考えれば、三十万枚はいかにすごい数字かわかる。『氷の世界』の爆発的ヒットで陽水ブームは頂点に達し、ここにスーパー・スター井上陽水が誕生する。

実際、ぼくも『氷の世界』を聴いてみて、「これはすごい！」と掛け値なしで思ったほどである。

その証拠に「新譜ジャーナル」（七四年二月号）が企画した〈私の選んだベスト・アルバム〉というコーナーで、七三年度に発売された日本のフォーク＆ロックのアルバム百数枚の中から、陽水の『氷の世界』をトップに選んだのである。（富澤一誠『俺の井上陽水』）

続いて、富澤が書いた当時の『氷の世界』のレコード評の一部を摘記してみよう。

このアルバムの帯に〈陽水の変貌……ニューアルバム完成〉というキャッチ・フレーズがありますが、ただ見ただけでは「レコード会社もよくやるわ、ごくろうさん」とだけしか思えなく見落としてしまうのですが……この〈陽水の変貌〉というキャッチ・フレーズは実に興味深い。実に明確にこのアルバムの陽水における位置づけをあらわしていると思われます。しからば、ここでいう〈変貌〉とはなにか？

確かにはじめてこのアルバムを聴いたとき、前作『断絶』『センチメンタル』とはちょっと違うな、という感じがしました。これはメロディーがどうのこうの、リズムやアレンジがどうのこうのという問題ではなく、あくまでもトータルなイメージとしてです。なかには前作の延長線上にある歌もいくつかあるような気がしましたが、一回、二回……五回と聴きこんでいくうちに「いや、やはり違うな、かわり目だな」という気持ちの方がより強くなってきました。

とにかく、このように変貌した陽水の歌は前二作とはまた違う緊張感となごやかさと、かぎりない優しさを、聴き手であるぼくに与えてくれるし、その意味ではもう申し分がないのです。

（『新譜ジャーナル』一九七四年三月号）

感情を率直に表現したレコード評で、陽水に対する愛情すら感じられる。富澤にしてはやや控えめという印象もあるが、このアルバムを聴いて陽水の「変貌」と「かわり目」を察知した彼の嗅覚は、さまざまな意味で興味深い。はからずもこの二つの言葉が、その後の陽水の音楽性や音楽観を語るうえで、重要なキーワードになってくるからだ。

それはさておき、プロデューサーの多賀でさえ、今回のアルバムがこれほどの騒動になるとは思っていなかったようである。

「百万枚というのがどんな数かというと、当時の日本の人口がほぼ一億人とすると、百人に一人が買うわけでしょう。百人に一人ということは、単純に一世帯が四人とすると、二十五世帯に一世帯が買ってる。二十五軒に一軒ということは、それこそ見わたす家のここにもある、あそこにもあるということですよね。そんなこと考えられないでしょう。それが起きたんです。驚異的なことですよ。われながら、いったいこれは何だろうと思いましたね」（海老沢泰久『満月　空に満月』）

後に日本のポップ音楽の流れを変えたといわれる『氷の世界』だが、一年前にはほとんど無名だった若者のＬＰレコードが、前人未踏の百万枚を売り上げること自体、たしかに大事件だった。

高石ともやや岡林信康らが先導した関西フォーク（プロテスト・ソング）の時代を経て、七二年に吉田拓郎が「結婚しようよ」「旅の宿」の二曲でヒットを飛ばしたことによって、ようやく市民権を得たフォークだったが、今度は陽水が「夢の中へ」「心もよう」『氷の世界』を立て続けに大ヒットさせたことで、それまで業界人に軽視されてきた《日本のフォーク》が、ついに音楽ビジネスの最前線に躍り出たのだ。まさに「フォーク革命」ともいうべきエポックだった。

このことはまた、これまで誰も問題にしてこなかった「フォークとは何か？」という根源的なテーマについて考える好機ともなった。

アコースティック・ギターを用いた弾き語りスタイルを指してフォークというのなら、陽水はデビュー・アルバムの『断絶』から、すでにフォークではなかったともいえる。もちろん弾き語りスタイルの曲がないわけではないが、果たして「感謝知らずの女」や「限りない欲望」をフォークと称《よ》んでいいのか。先人が苦肉の策で生み出したものか、この時代には《フォーク・ロック》とか《演歌ロック》とかいうカテゴリー分けも存在していて、複数のジャンルにまたがるようなマージナルな楽曲を、そうした枠に無理やり押し込めていた感がある。今日でも同様だが、レコードを売るためには「レッテル」が必要になるのである。

しかし陽水は、『氷の世界』のタイトルチューン「氷の世界」で、何の衒いもなく、堂々たるロックサウンドを披露した。この曲がフォークかどうか、もはや議論は無用だろう。

ところが、フォーク愛の強い陽水ファンの何割かは、この曲に驚き、狼狽し、さらにその内の何割かは、この曲に否定的な態度を示した。かつて、ボブ・ディランの「風に吹かれて」に共鳴したファンが、彼の「ホームシック・ブルース［Subterranean Homesick Blues］」に非難を浴びせたように。

その意味で、同じアルバムに「心もよう」「白い一日」という叙情派フォークの見本のような曲を挿し入れた、多賀のプロフェッショナリズムには脱帽するほかない。

ちなみに、陽水自身はそもそもポップ・ミュージックをカテゴライズすること自体が「無意味」であり、デビュー当時にフォーク歌手と称ばれたことも不本意だったようだ。

「いわゆるフォークの人たちというのは、やっぱりＰＰＭとか、ボブ・ディランとか、ああいうところから音楽に興味を持った人が多いんですけど、（プロになる以前の）僕はそういうのは全然知らなくて、僕が好きになったのはビートルズでしたから。もっぱら花よ蝶よの歌ばっかり。社会的な問題意識なんて、全然なかったですね」（『The Best Hit』一九八五年）

■あゝ青春流れ者

さて、「夢の中へ」「心もよう」『氷の世界』の劇的な連続ヒットによって、吉田拓郎と並ぶ《フォーク界のプリンス》として祭り上げられることになった陽水だが、この栄誉と引き換えに、彼の日常生活は激変を余儀なくされる。

レコード会社にとっても、所属事務所にとっても、いまやスーパースターの井上陽水は金看板である。遊ばせておく道理はない。

七四年の四月には、初の「全国縦断コンサート」がスタート。この一年間で、陽水は百八十本ものステージをこなした。いくら若いとはいえ、ほぼ二日に一回のステージはあまりにも過酷である。毎朝巡業先のホテルで目が覚めると、「自分がどこにいるかもわからない」という日々が続く。

いっぽう、陽水が推薦文を寄せてくれた富澤一誠の初の青春自叙伝は『あゝ青春流れ者』というタイトルで、前年の十二月一日に全国の書店に並んだ。この日は奇しくも『氷の世界』の発売日と同じであった。

売り上げのほうは、さすがにミリオンセラーというわけにはいかなかったが、それでも発売後一ヵ月にして四万部まで増刷され、富澤をほっとさせた。そのころはまだ、音楽ファン以外に筆名をほとんど知られていなかった富澤である。四万部でも大変なことなのだが、その後、この本は新聞の書評や、ＮＨＫ教育テレビ（現・Ｅテレ）の「若い広場」でも取り上げられ、トータルで八万部を売り上げるベストセラー作品となった。ちなみに「若い広場」で富澤はテレビ初出演を果たしている。

処女作を携えて郷里の信州須坂に帰った富澤は、東大を中途退学したことを父親に報告する。

ぼくはオヤジに向かって頭を下げた。畳に額がつくほど頭を下げていると、オヤジは一言つぶやいた。

「そうか、そうだったのか。父ちゃんは何も言わない。お前が自分で決めたのなら、それでいいだろう」

雷を落とされるだろうと緊張していただけに、拍子抜けして緊張感がゆるんでしまった。しかし、オヤジが独り言のようにもらした一言が、ぼくの胸に矢のように突き刺さってきた。

「まあお前は父ちゃんのおメガネにはずれたということだな」

この言葉には、オヤジの無念さがにじみ出ていた。信頼していた息子に裏切られたという心情がほとばしっていた。

「父ちゃん、ぼくは父ちゃんのおメガネにははずれたと思うけど、許してください。ぼくには父ちゃんにあげると約束した東大の卒業証書がない。その代わり、ここに『あ、青春流れ者』という本がある。これを卒業証書の代わりだと思ってもらえないだろうか……」

本を手に取って、オヤジは無言のままだ。

「東大に入れば誰だって卒業証書はもらえる。だが、東大に入ったからといって誰でも本が出せるというわけではないんだ。はっきり言って、ぼくは卒業証書より、この本の方が価値があると思っている」

オヤジの瞳にキラッと光るものがあった。（富澤一誠『音楽を熱く語るたびに夢が生まれた！』）

富澤の説得に父親は折れた。孟宗竹で花器をつくる美術工芸師の父親は、組織に属さない自由業の厳しさを切々と説いて、最後には息子の報告を受け容れたのだった。

その父親の髪が一週間後に真っ白に変わってしまったことを、後に富澤は知る……。

考えてみれば、富澤も陽水も親不孝だ。が、もし富澤が東大を卒えて高校の歴史教師にでもなっていたら、もし陽水が歯科大に合格して父親の跡を継いでいたら……と想像すると、なんとも複雑な気持ちにとらわれてしまう。少なくとも、その後の二人が日本の音楽産業や音楽文化に残した業績というものを振り返ってみれば、「幸運はときとして不幸な顔をして現れる」という名言は正しいということになる。

とまれ父親に東大退学の報告を済ませて肩の荷をひとつ下ろした富澤だったが、胸中にはあきたらない想いがくすぶっていた。

たしかに処女作が増刷を重ねているのはラッキーなことだったが、自信家の富澤はこの程度の売れ行きでは満足できなかった。この本を書くときに目標にした加藤諦三の本は、二十万部も三十万部も売れているのだ。

「加藤諦三を抜いてナンバーワンになれないんだったら、俺が本を書く価値はない……」

そう判断した富澤は、自分の体験をベースにしたこの手の青春論を書くのは、もうやめようと思った。そもそも人生経験の豊富な加藤諦三と勝負しようと考えたことが誤りだったのかもしれない。「君が生きてきた二十年そこそこの青春や人生が、一体何んだというんだ」という泉谷しげるの言葉が心に滲みた。

とはいっても中小の出版社にしてみれば、トータルで八万部を売った『あゝ青春流れ者』はベストセラー商品である。この路線で二匹目のドジョウを狙おうとするのも道理だろう。

結果、富澤は音楽関係書と並行して、『青春宿命論』『僕たちは音楽で超える〜大人の人生論はもうたくさんだ』といった若者向けの青春エッセーを何冊も書くことになるのだが、そうした経験を通じて富澤が涵養した人間考察のメチエが、後に彼がものする数々の音楽ノンフィクション作品にフィードバックされるのである。

■二色の独楽

六月、陽水は全国縦断リサイタルの間隙をぬって、ニューアルバムのレコーディングのために海外に飛び立つ。前年のロンドンに続いて今回はアメリカの西海岸、ロサンゼルスである。

しかし、当の陽水はあまり気乗りがしなかったようで、出発前の取材には「特別、期待感も不安感もない」と、淡々と応じている。後のインタビューでもこんな具合だ。

「まあ、会社としては『氷の世界』が売れたから、今どんどん行けっていう状態だったと思うんだけど……。向こうで四〜五曲作ったような状態でしたよ。みんなが遊んでいるのに僕だけ一人、ドライブ・インみたいなホテルで曲を書いてね。〝もう、テキトーでいいや！〟と思って、とにかくもう、部屋を出たいって。〝他のみんなはプールだドライブだってやってるのに、なんで僕だけ部屋で曲書いて、冗談じゃない〟って」（『月刊カドカワ』一九九二年五月号）

そうはいってもレコーディングには錚々たるミュージシャンも参加して、かなり充実したものだったようだ。同行した川瀬泰雄（マネージャー）も――、

「レコーディングの告知の段階で売り上げが最低でも三十万枚が確約されていました。

そんなこともあり、プロデューサーの多賀氏を先頭に、予算の心配なしに、徹底的に良い作品を作ろうという意識でレコーディングの打ち合わせが始まりました。当然、星勝氏が大半の曲をアレンジすることは勿論なのですが、アメリカのアレンジャーにも依頼することになりました。

勿論、スタジオやミュージシャンも超一流の人たちが選ばれました。

さすがにA&Mスタジオは毎日のように、有名アーティストに会うことが出来ました。同時期にアルバムをレコーディングしていたカーペンターズを筆頭に、後に「ウィー・アー・ザ・ワールド」の撮影がおこなわれた大きなホールではラリー・カールトンがトム・スコットとライブのリハーサルをしていたり。約四十日間のロサンゼルスのA&Mスタジオでのレコーディングは僕自身、その後のレコーディングでどんなことが起きても対処できるという自信がついたレコーディングでした」(『大人のミュージックカレンダー』二〇一六年十月十四日投稿)

と、当時の様子をネット上に綴っている。陽水もアルバムの二曲目に収録された「夕立」にはいたく満足していたようだった。

モンスター『氷の世界』から十ヵ月後の一九七四年十月一日、陽水にとって四枚目のアルバムとなる『二色の独楽』がリリースされた。川瀬も触れているとおり、このアルバムも発売から十週連続でオリコンのLPランキングの一位を独走し、累計で八十二万枚の売り上げを記録した。累計が百三十万枚の『氷の世界』には及ばなかったとはいえ、この数字も十分にモンスターである。

しかし、コアの陽水ファンからは、このアルバムもまた前作同様に賛否の声が涌き上がった。一曲目のイントロダクションで「傘がない」のインストゥルメンタルが流れたと思ったら、二曲目の「夕立」では耳をつんざくようなロックサウンドが爆裂する。もはや《フォーク・ロック》などという曖昧なカテゴリーでは括れない……というよりも、この曲は紛れもないロックだった。「氷の世界」で狼狽したリスナーは、たぶん腰を抜かしたに違いない。

この曲はアルバムの露払いとして九月にシングル盤で発売されていたが、売り上げは伸びなかった。累計で十四万枚だから一般的に見れば悪い数字とはいえないが、「心もよう」の五十万枚と比較すれば、その差は歴然としている。一曲でもお気に入りの曲が入っていれば、ファンはアルバムを買う。しかし、シングル盤の場合はそうはいかない。ここにレコード会社のセールス戦略の難しさがある。

それゆえに、インストとはいえ「傘がない」をアルバムの一曲目に持ってきた多賀の意図をいろいろと忖度してしまうのだ。叙情派ファンへのサービスか、はたまた「陽水はけっしてフォークを忘れちゃいないからね。これからもよろしく!」というメッセージなのか……。

「陽水を一時期のブームにはしたくないのです。七三年がピークだろうといわれていたのですが、翌年もまたヤマを迎えました。単なるブームに終わる音楽じゃないと思っていました。どうしてこんないい音楽が受け容れられないのだろうと思いながらやってきたことが、いま実りつつあるのだと思っています。単なるブームでは終わらせないですよ」(塩沢茂『井上陽水　孤独の世界』)

こんな抱負まで語っていた多賀だったが、『二色の独楽』を最後にポリドールを離れた陽水が、ふたたび多賀とがっぷり四つに組むことはなかった。

ちなみにこの年、陽水はアンドレ・カンドレ時代から所属していたホリプロを辞めて、レコード会社からも所属事務所からも自由になった。

ここからアーティスト井上陽水の第二章がはじまる。

それは音楽業界を、いや日本の社会全体に衝撃を与えることになる、彼の波乱の日々の幕開けでもあった。

第六章

不協和音

井上陽水『二色の独楽』(74 年、ポリドール)

■『二色の独楽』をめぐって

富澤一誠もまた『二色の独楽』を聴いて愕然とし、陽水のあまりの変貌ぶりに落胆した一人だった。

『氷の世界』という日本音楽史に残る名アルバムを発表したあとだけに、次作はとの期待と不安があったので、ぼくは、さっそく『二色の独楽』を聴いてみた。

すると、どうだ。まったく期待はずれもいいところで、ぼくは「なんだこれ」と放り投げてしまった。

というのは、そのアルバムには陽水のあの緊張感が感じられないのである。かつて陽水が自分自身で「ぼくは歌に緊張感を求めて作るんだ」と言っていた、あの言葉が嘘のように、ただ空しく感じられるだけだった。(中略)

しかし、問題はこれからである。次作でまた質の高いものを完成すればそれでいいのである。

だが、また次作も……いや、そんなことはありえないことだろう。

なぜなら『二色の独楽』のアルバムの中にも「二色の独楽」という名曲が入っているからだ。

これはジャック・ニッチェがアレンジしたもので、これを陽水が情感たっぷりに歌いあげているのだ。

これは、もう聴いているだけで胸が熱くなってくる。陽水自身もレコーディングのとき、涙してしまったといういわくつきのものだが、こんないい曲が作れるうちは、陽水はまだまだ健在なのである。（富澤一誠『俺の井上陽水』）

毀誉褒貶《きよほうへん》のコントラストが鮮明なレコード評である。それにしても〝ぼくは「なんだこれ」と放り投げてしまった〟という文章はスゴイ。言いたい放題である。きょうびこんな過激な文章を活字にする音楽誌も、また書き手もいないだろう。レコード会社に睨まれたら出版物への広告出稿を打ち切られる惧れがあるし、アーティスト側に睨まれれば取材拒否にあう。いきおい、心あるライターはSNSに逃げ場を求めるしかない。しかも匿名で。いやはや「日本に音楽ジャーナリズムはあるのか？」と声を大にして問いたくなるが（音楽業界だけではないけれども）、やがて富澤も音楽評論家として、良心とビジネスの狭間で苦悩することになる。

そのことは後に触れるとして、ともかくも『二色の独楽』に落胆した富澤ではあったが、タイトルチューンの「二色の独楽」には胸を熱くしている。さらに「こんないい曲が作れるうちは、陽水はまだまだ健在」と、次回作に期待をよせている。あえて「まだまだ健在」という表現を使ったのは、業界の一部に「氷の世界でピークに達してしまった陽水は下降あるのみ」といったやっかみ半分の下馬評が飛び交っていたからだろう。また、ある週刊誌は『二色の独楽』をあからさまに酷評し、もはや陽水もこれまで、と断じた。

当時の陽水は、けっしてマスコミ受けのよい芸能人ではなかった。テレビには出演しない、取材はNGを原則としていたからだ。別の見方をすれば、いっさいマスコミに依存することなく日本人初のミリオンセラー・アーティストになった陽水は、とてつもない偉業を成し遂げたことになるのだが。とはいえ、マスコミに非協力的な彼をこころよく思わないジャーナリストが少なからずいたことは間違いないだろう。しかし、陽水がマスコミの集中砲火を浴びるのはもう少し先の話になる。

また、先のレコード評で富澤は「陽水のあの緊張感が感じられない」とも書いている。さまざまに解釈できる文章だが、おそらくは、サウンドに比重を置き過ぎて、作者の主張や歌のこころが稀薄になってしまったのではないか、という文意なのだと思う。当時中学生だった私も、フォーク好きの友人が「陽水のサウンド志向にはうんざりだよ。彼も堕落したよね」と話していたのを覚えている。なぜ「サウンド志向」が堕落したことになるのかは理解できなかったけれども。

ともあれ、『氷の世界』で噴出した陽水の音楽性をめぐる議論が、またもや『二色の独楽』で再燃したのだった。

一年前に富澤が感得した陽水の「変貌」と「かわり目」は、もはや歴然たる事実となった。

この三年後、富澤のインタビューに答えた陽水の口から、驚くべき発言が飛び出す。

「昔の岡林（信康）っていうのはきっと歌で世の中を変えようとした人だと思うんです。で、高田渡だとかそういう人達っていうのは、もう歌で世の中を変えよう――そんなことできっこないってわかっている人達だと思うんですよ。だから《歌》っていうのは、そういった意味で、もう立派なものでも大切なものでも何でもないものだという気もするんです」（『深夜放送ファン』一九七七年）

「歌で世の中を変えようなんてできっこない」という陽水に対して、富澤は「世の中を変えるような歌を聴きたい」と考えている人間である。今日にいたるまで、一貫して「歌の力」というものを信じてきた人間なのである。さらに陽水は歌なんて「立派なものでも大切なものでも何でもない」と言い切る。歌＝音楽に対する両者の想いは真っ向から食い違っている。

富澤は「二色の独楽」という一曲に一縷の望みを託したが、残念ながら、陽水がふたたび「傘のない」の世界にもどってくることはなかった。

■ニューミュージック

一九七四年のフォーク界の動静を振り返って、富澤はこう書いている。

陽水（心もよう）とかぐや姫（神田川）の出現により、フォークにはメッセージ・フォークとは別の新しい道、叙情派フォークが作られ、それ以前だったならば、とても受け容れられそうもない人々が飛び出せる可能性が出てきた。

事実、七四年になるとグレープ、NSP、ふきのとう、猫、山本コウタロウとウィークエンド、マイペースなどがヒット曲を持って浮上し、フォークは百花繚乱の様相を呈するようになる。（富澤一誠『音楽を熱く語るたびに夢が生まれた！』）

七四年の九月に「白い冬」でデビューしたフォーク・デュオ、ふきのとうの山木康世は、同じミュージシャンとして当時の陽水にこんな印象を抱いていたという。

高音のフォークというのは陽水さんから始まったんじゃないかな。僕は出ないけど、実際にGの声が出ない人は失格みたいなさ。Gっていうのがギターだと Eマイナーなんだよ。ギターでEマイナーといったらニール・ヤングの「孤独の旅路」なんかもそうだけど、あのへんのニール・ヤングを歌えた人はニューミュージックのボーカルもやっていけた。それをはじめたのが陽水さん、高音の世界を。

それ以前はというと、「わらにまみれてヨ〜」の三橋美智也さんとかさ、民謡からきた人はGよりも高いんだけど、あれとは違う、フォークギターをもったGの世界というのは陽水さんが始めたんだと思う。そのあとに松山千春なんかが出たり、小田和正さんがブレイクしたり、高音のボーカルの人が注目される時代になるんだけど、その入口にいたのが陽水さんだったような。ふきのとうも高音で勝負はしてたけど……。

音楽性でいうと、僕たちが所属していた頃にCBSソニーの大看板だった（吉田）拓郎さんは唱歌ふうというか微妙に日本人の心を持ってたけど、陽水さんにはあんまり感じないじゃない、日本人の心っていうのを。どちらかといえば陽水さんは西洋音楽のイメージ。そういうふうに僕は拓郎さんと陽水さんを分けてたな。拓郎さんの世界には近づきやすいところがあったけど、陽水さんには近づけない。

歌い方も拓郎さんはストレートだけど、陽水さんには本当にまいったよ……あの名調子にはさ。

一九七五年を境にフォークは《ニューミュージック》という、広大で曖昧なカテゴリーに包含されていく。

その端緒を開いたのがユーミンこと、荒井由実（現・松任谷由実）だった。彼女は七三年十一月に『ひこうき雲』でアルバムデビュー。専門家筋はこのアルバムを高く評価したが、このときはまだ「心もよう」や「神田川」の陰に隠れてしまい、彼女がクローズアップされることはなかった。ところが翌年にグレープ、ふきのとう、NSPといった、さまざまなタイプのアーティストが台頭してくると、それに合わせてユーミンの歌もリスナーに受け容れられるようになる。それが七五年の「ルージュの伝言」のヒットに繋がるのである。

ユーミンの音楽はそれまでのフォークとは明らかに異質だった。彼女の歌には主張もなければ人間臭も生活臭もなかった。無色透明でポップなセンスにあふれていた。しかも「ルージュの伝言」に続いて、彼女の作詞作曲でバンバンが歌った「〈いちご白書〉をもう一度」、自作自演の「あの日にかえりたい」が相次いでヒットしたことで、爆発的なユーミン・ブームが到来する。そして、フォークでもロックでもない彼女の音楽を、業界やマスコミはニューミュージックと称んだのである。

この呼称の〝名づけ親〟である富澤によると、当初ニューミュージックという言葉には二つの意味合いがあったという。狭義ではユーミンやティン・パン・アレイなど、それまでのフォークやロックというカテゴリーでは括りきれない音楽を指す〝新しい音楽〟という意味合いでの《ニュー・ミュージック》（中黒あり）であり、広義では吉田拓郎、井上陽水、神田川などのフォーク音楽から、狭義の音楽までを引っくるめた〝総称〟としての《ニューミュージック》（中黒なし）である。もちろん富澤は後者の意味で使ったのだが、なかには「ニュー・ミュージックなんていうが、この音楽のどこが新しいんだ?」という批判の声もあったという。もう一度書くが、ニュー・ミュージックではなく、あくまでもニューミュージックである。

ちなみに、誰の音楽をもってニューミュージックの嚆矢とするかには諸説あって、シュガー・ベイブやセンチメンタル・シティ・ロマンスを筆頭にあげるコアな音楽ファンもいるが、先ほどの山木康世の証言を援用するならば、陽水もまた、ニューミュージックの入口に立っていたアーティストということになる。

もっと明確にいえば、サウンド志向と非難された陽水のサウンドは、ニューミュージックという言葉が世間で認知されるまえから、すでにニューミュージックだったのである。

「あなたの音楽はどのジャンルに入りますか？」という質問に、陽水自身は「ポップスというのが一番ぴったりきますねえ。最初っからそうです。ウディ・ガスリーでもボブ・ディランでもなく、最初に音楽が好きになったきっかけが、ビートルズですからねえ」（『GORO』一九七五年六月十二日号）と答えている。

クラシックであろうがジャスであろうが、音楽の流行は時代の要請がつくりだすものだ。その意味で、陽水の変貌もユーミンの出現も「時代の要請」であり、その時代のリスナーが希求した音楽そのものだったのである。

では、その時代＝七〇年代中頃のリスナーが求めていた音楽とは何か？

次のユーミンの言葉がそれを端的に語っていると思う。

「私は四畳半フォークなんて大嫌いです。変にじめじめしていて気持ちが悪いったらありゃしない。私の音楽はイージー・リスニングかな。イージー・リスニングっていっても薄っぺらな意味ではなくて、気持ち良く聴けるっていうのかな。朝起きてふと聴きたくなるような、夜眠るときにふと聴きたくなるような……それが私の音楽ね」（富澤一誠『ザ・ニューミュージック』）

この発言は、いみじくも先に紹介した――もう歌で世の中を変えることなんかできない。歌なんて立派なものでも大切なものでもない、という主旨の陽水の言葉と符合する。

七〇年代中頃の世相を望見すると、オイルショック、低成長時代、インフレ、不景気、公害……といったネガティブなワードばかりが並んでいるが、この時代に思春期の真っ只中にいた私なんかは毎日が明るくて気楽だった。AV機器は充実していたし、黄金期を迎えていたラジオの深夜放送からは国内外のポップ・ミュージックがひっきりなしに流れていた。第一次ディスコ・ブームが起こったのもこの頃で、私たちにとっては間もなくやってくる〝軽チャー〟と〝大量消費時代〟への助走期間でもあったのだ。そうした時代の空気のなかで、若いリスナーが和製フォークに拒否反応を示しはじめたのも実感としてうなずける。

そのいっぽうで、ニューミュージックの流れに呑み込まれるのを潔しとしなかった《真正フォーク・ミュージシャン》たちは、その後も自分たちの信条やスタイルを曲げることはなかった。

しかし、そのニューミュージックという呼称さえ死語になりつつあるいま、次の小室等の述懐にはさまざまな意味で千鈞の重みがある。

「ユーミンがブレイクして売れて、オフコースが売れていく中で、あきらかに置き去りにされたものがあるはずなんですよ。残念ながら『氷の世界』は終わりの始まりっていうか、悲劇的な側面をもった出来事だった……」（NHK - BSプレミアム『井上陽水ドキュメント 氷の世界40年』二〇一三年十二月二十八日放送）

■フォーライフ

折しも《ニューミュージック元年》のこの年、日本の音楽業界を震撼させる前代未聞の「事件」が出来する。

吉田拓郎、井上陽水、小室等、泉谷しげるの四人がインディペンデントのレコード会社「フォーライフ・レコード」を設立したのだ。

これが、なぜ「事件」だったのか。

まず、日本の音楽業界にとって、ミュージシャン自身が独立したレコード会社をつくるということ自体が前代未聞だったこと。そして、ドル箱の拓郎と陽水を失うことによって両者の所属先レコード会社が数十億円の損失をこうむることになることだ。彼らからすれば、フォーライフの設立は所属ミュージシャンによる謀反にも等しい行為にみえたことだろう。もっとも、四人のメンバーには法律的にも契約不履行といった落ち度はなく、レコード会社がガタガタいうのは単なる逆恨みでしかないのだが。

しかし、彼らの行動を黙認してしまっては業界の将来に禍根を残すと考えたのか、レコード協会は販売網を規制するなどの妨害工作を企てたが、こうした問題はほどなくしてクリアされた。

フォーライフの設立動機について、同社の社長に就任した小室等は記者会見で、「自由に、純粋に、自分たちの音楽をクリエイトする場所がほしかった。自分たちで協力していちばん良いカタチでレコードを作ろうというわけです」と語り、陽水は「ポリドールは満足できる環境でしたが、新しい環境がほしかったんです。ほら、よくいうアドベンチャー……これが。四人とも娯楽がないし、スリルがほしいんですよ」と、珍しくテレビカメラのまえで語った。

いちはやくフォーライフ設立の情報を摑んだ富澤は、アーティスト四人の新たな門出にエールをおくったが、そのいっぽうで、後にこんな本音ものぞかせている。

たしかに、陽水たちが「純粋にもっと自由に音楽を作りたい」と願って行動を起こしたことはわかる。誰だって自分の好きなものを自分の思いどおりにやりたいと思う。これはもう人間全ての願望であり、この上ない夢である。

しかし、それも支持してくれる人々がいての話である。

今まで苦楽をともにしてきたスタッフの人々は、いったいどう思うだろうか？　口では「失敗したらいつでも帰っておいで」と言っているけれども、恐らく胸中はさぞ複雑だろう。

しかし、（販売網の問題で）いったん暗礁にのりあげたかに見えたこの新レコード会社設立は、四人の信念固く、ついに発足したのである。

ぼくはチキショーと思った。

WHAT　IS　TO　DO　NEXT?

陽水はすでにそれを知っていたのだ。（富澤一誠『俺の井上陽水』）

この年の四月、富澤は「ミュージック・リサーチ」の監修者に起用される。同誌は当時「オリコン」「ミュージック・ラボ」と並ぶ、音楽の三大業界誌（チャート誌）のひとつで、三誌ともブームの感を呈していたニューミュージックを、業界誌として詳しく取り上げるべく誌面作りを急いでいた。しかしそうはいっても、それまで演歌・歌謡曲一辺倒だった業界誌のスタッフはニューミュージックに関する知識に乏しく、困っていた。そこでニューミュージックの名づけ親でもある富澤に登板のチャンスがめぐってきたというわけだ。

同誌に新設された《ニューミュージック・リサーチ》という付録の監修者兼ライターに抜擢された富澤は、この仕事を通じて音楽評論家としての知名度を飛躍的に高めることになる。

さらに翌月には、富澤にとって三冊目の単行本となる『俺の井上陽水』が発売され、折からの陽水ブームが追い風となって順調に版を重ねていった。

「俺の井上陽水」は手前ミソだが、そのタイトルどおり、〝俺〟つまり〝ぼく〟の思い入れが、たっぷりと陽水の生きザマにかぶさった異色の人物論だった。俺の井上陽水、俺の井上陽水……常に俺と陽水を同等に対比するところに、この本の価値はあった。だからこそ、当時その手の人物論がなかっただけに、少なからず話題になりえたのだと思う。

目で見、耳で聴いたことを感性のおもむくままにストレートに表現する——それがそのときのぼくの表現スタイルだった。文章のテクニックも何もなかった。ただ自分のものの見方には絶大なる自信を持っていた。（富澤一誠『音楽を熱く語るたびに夢が生まれた！』）

自分のものの見方には絶大なる自信を持っていた……と当時を振り返る富澤だが、この言葉はけっして大言壮語ではなかった。

この本を読んだ創刊間もない男性雑誌「ＧＯＲＯ」（小学館／九二年に廃刊）の編集者の勧めで、富澤は同誌の特集ページにニューミュージック・アーティストの人物論を連載することになる。

以来、富澤は同誌に数多くの人物ルポルタージュを発表し、その延長線上に、後に彼の代表作となる『失速――ガロが燃え尽きた日』『新宿ルイード物語』『松山千春・さすらいの青春』『さだまさし・終りなき夢』といった一連のニューミュージック・ノンフィクション作品が生まれるのである。

■招待状のないショー

一九七六年三月、陽水はフォーライフ設立後初となるアルバム『招待状のないショー』をリリースする。

前作の『二色の独楽』から一年半ぶりに、陽水が満を持して発表したニューアルバムである。富澤は大きな期待に小さな不安を滲ませたような心境で、レコード盤に針を下ろした。

以下に「ミュージック・リサーチ」（七六年三月八日号）に掲載されたレコード評を抄録する。

先ず聴いてみて最初に感じることは、これまでのアルバムとはサウンドが大幅に違うということである。従来のサウンドがどちらかというとムーディ・ブルースふうのプログレッシブなものとすると、今回はところどころにソウルふうなところが見られ、その上、できるだけサウンドはおさえているようだ。これまでのような、音と音とのすきまを綿密にうめていくようなサウンド作りではなく、もっとラフな作り方となっている。どうして、こんな作り方をしたかというと、やはり歌（詞）を重視したからだろう。

このアルバムは従来のアルバムとはかなりイメージが違うので、おそらく評価は真っ二つに分かれるだろう。先ずサウンドが違う。詞は挑戦的。「なぜ、こんなイメチェンをしたのだろう」ということから、「そんなことはする必要ない」という意見が出るだろうが、ぼくの意見としてはそう思っていない。ぼくは、陽水があえて従来のイメージからサヨナラしたところに意義と価値を見出すのである。

陽水のベスト・アルバムは『氷の世界』と、ぼくは思っているが、すべての面において、あのアルバムを超えるものを作ることは不可能だろう。だとしたら他に生きる道は、違う線上に開拓しなければならないだろう。これまでとは別の道を切り開かねば……。このアルバムは、新しい道への「出発」である。その意味で、ぼくは、このアルバムが好きだし、十分に評価している。

富澤が指摘するように、『氷の世界』で頂点を極めた当時の陽水が、新たな一手を模索していたことは間違いないだろう。陽水自身も後に「突然、ずいぶん変わってるなぁっていうふうに自分で思いますね。『氷の世界』で迎えたピークをこの『招待状のないショー』で捨てちゃうっていうか……」（『月刊カドカワ』一九九二年五月号）と述懐しているが、そのためにさまざまな試行錯誤を重ねる陽水のチャレンジ精神に対して、富澤は最大限ともいうべき賛辞と激励の評言を捧げているのだ。そこに嘘はないだろう。

いっぽうで私はこんなことを想像する。当時の陽水は、『氷の世界』で築いた栄光から一刻も早く逃れようと焦り、足掻いていたのではないか。このアルバムを繰り返し聴くたびに、そんな幻影にとらわれるのだ。それはまるで、「『氷の世界』だけがオレの世界じゃない。いまのオレが本当に歌いたい曲を聴いてくれ！」と叫んでいる彼の姿でもある。

いかにもシニックな陽水らしく「Good,Good-Bye」からスタートするこのアルバムでポイントになるのはシングル・カットもされた、四曲目の「青空ひとりきり」だろう。

矢野誠のソウルフルなアレンジにのせて、高中正義、林立夫、後藤次利ら手練れのスタジオ・ミュージシャンが繰り出すギターやリズム楽器をバックに歌われるのは「楽しい事なら何でもやりたい　笑える場所ならどこへでも行く」けれども、「悲しい人とは会いたくもない　涙の言葉でぬれたくはない」というセンチメンタリズムの否定であり、叙情派フォークとの訣別宣言だった――そんなメッセージに聞こえて仕方がない。

最終曲の「結詞」は三曲目に収録されている「枕詞」と対なす省筆された世界で、冒頭の「浅き夢」はいうまでもなく、いろは歌の「有為の奥山　今日越えて　浅き夢見じ　酔ひもせず」から想を得たものだろう。現代語に訳せば「さまざまなことが起きる人生を超越して、いまや儚い夢に酔いしれたりしない」というニュアンスか。本人は「いろは歌のパロディ」と述べているが、私にはそんなふうに思えない。《有為の奥山》が「青空ひとりきり」のなかで〝大切にしたくない〟と歌われた「きらめく様な想い出」と符合しているように感じられるからだ。諦観にまで到達できない陽水の苦悩が仄見えるような気がする。

巷では依然として『氷の世界』が売り上げを伸ばしているというのに、すでに陽水は醒めている。ちなみにこの年、二十八歳の陽水は歌手部門で美空ひばりや五木ひろしを抜いて長者番付の一位となり、以後二年間連続で首位の座につく。

それはともかく、このアルバムの特徴を一言でいえば、サウンドに対する陽水の意志がより鮮明に表出されていることである。

自身がイメージしたサウンドを目のまえで形にするべく、彼は小さなスタジオに入り浸って、ミキサーの吉野金次やアレンジャーの矢野誠、星勝らとディスカッションを重ねながら曲を編んでいったというが、そうした制作スタイルにも彼のサウンドへの強固なこだわりが感じられるし、アレンジャーが提示した曲をシンガーがただ機械的に歌うのではなく、みずから創出したメロディーの編曲作業にも積極的に加担していくという、いわば〝真正アーティスト〟として覚醒した陽水の進取の気性を感得するのである。

こうして完成したこのアルバムは、アコースティックの情緒を湛えた〝陽水らしい〟歌も何曲かはあったものの、とても「傘がない」の作者による作品とは思えなかった。もちろん作者の狙いがそこにあることを認めているとはいえ、彼の音楽世界がますます自分の手の届かない領域へと向かっていることを、富澤ははっきりと認識せざるを得なかったのではないか。

それでもこのアルバムは五十七万枚を売り上げた。ミリオンには遠く及ばないけれど、ＬＰでこの数字はやはり驚異である。

が、十二月にリリースされた『東京ワシントンクラブ』は二十一万枚と半分以下にまでセールスを落とす。もっとも、ライブ盤ということもあるし、売れた曲が必ず良いとも限らないのだが、陽水に対する富澤のシンパシー度数はますます下がる一方だった。「新譜ジャーナル」に寄稿した当時のレコード評を読んでみよう。


『もどり道』以来、実に三年ぶりの陽水のライブ・アルバムである。録音された場所は、十月十六日の神戸中央体育館と十八日の金沢実践倫理記念館。いずれも九月から十二月にかけて全国十五ヵ所で行なわれた陽水のゴーンイング・オン・コンサート・ツアーの一環である。A面一曲目「氷の世界」から聴き始めたとき、正直言ってこれは〝慣れ〟が出ていて、その分〝スレ（擦れ）〟すぎていると感じた。特に「御免」のときにはメロのくずしがひどくて、陽水のあのキメの細かさが失くなっているようで、ぼくはどうも好きになれなかった。だがB面に入って「ゼンマイじかけのカブト虫」からはしっとりと浸り切って安心して聴くことができた。

　陽水はやはりしっとりとしみじみとキメ細かにうたわなければ、とひとりで納得したりして、でもさすが陽水、歌は抜群に上手い。それだけに〝慣れ〟は〝スレ〟に継《つ》ながり〝ナイーブ〟さが失くなる原因となるから、気をつけたほうがいいだろう。そんな気がした。


苦しいレコード評である。自分の共鳴できないアルバムにもかかわらず、できるだけポジティブな着地点を見つけようと四苦八苦しているようだ。律儀にも文末をアドバイスで締めくくっているところなどは、いかにも実直な性格の富澤らしい。

　しかし、たぶん富澤の〝アドバイス〟が陽水の心に届くことはなかったと思う。すでに陽水は、富澤とは一八〇度異なるフェーズで新たな音楽世界を模索していたのだ。

　それは、こういうことだった――。

「ナンセンスで、チャランポランで、つじつまが合ってないことって美しく感じたりするんですよ。バランスのとれないバランスっていうのかな」（『平凡パンチ』一九八〇年）

■陽水逮捕の波紋

　土曜日の早朝、富澤は東京スポーツの記者からの電話で起こされた。

「今日、井上陽水が逮捕されるんですが、その件について富澤さんにコメントをお願いしたいんですが……」

陽水が逮捕⁉　一朝の有事に富澤は眠気を一気に吹き飛ばされた。それにしても、いったい何があったというのだ。

後に明らかになった経緯はこうである。

一九七七年九月十日午後一時前、警視庁に出頭した陽水は、大麻取締法違反で逮捕された。調べによると、彼は同年の七月二十九日、知人から棒状のマリファナ二十本を十万円で買い、これを自宅などで吸っていたという。その後、陽水はマリファナを吸った事実を認める供述をし、九月二十一日、東京地検刑事部により正式に起訴、二十二日、百万円を支払って保釈となる。

記者の電話を受けた富澤は、すぐに二つのことを思い浮かべた。

ひとつは、これをきっかけに陽水がマスコミから烈しく叩かれること。その結果、ニューミュージックそのものが矢面に立たされること。もうひとつは、陽水がなぜマリファナなんかに手を出したのかという疑問である。

【フォークの星もマリファナ汚染　友人らと回し飲み】（朝日新聞　九月十日夕刊）
【幻覚フォーク　仲間と大麻パーティー】（東京新聞　九月十日夕刊）
【マリファナに蝕まれたフォークのスター】（夕刊フジ　九月十一日）

【麻薬にすがった虚像　スターの座に疲れ　甘え、おごり許す芸能界】（朝日新聞　九月十二日夕刊）

案の定、各新聞、雑誌、テレビニュースはこぞって過激な見出しで事件を報じた。これまでマスコミの取材に非協力的なスタンスを貫いてきた陽水への〝意趣返し〟のように見えなくもない。なぜ陽水が禁制品に手を出したのか、その真意は本人のみが知ることだが、やはり『氷の世界』に対する世間の過剰なリアクションと無縁ではないだろう。莫大な印税を手にしてモラルハザードに陥ったなどといっているわけではない。これは頂点に立った者にしかわからない感情だと思うが、「歓楽極まりて哀情多し」の心境だったのかもしれない。

「アルバム（氷の世界）がひと月近く一位になって、ちょっと〝ご破算に願いましては〟にしたくなった。コンサートもたくさんやって嫌になって、すっかりコンサートもしなくなって、あんまり外に出るようなこともなくなったんですよ」（『月刊カドカワ』一九九二年五月号）

燃え尽きてしまった者のみが経験する倦怠と憂愁。やはり孤独だったのだと思う……。

保釈になった陽水はその後、十月十一日に東京地裁で開かれた初公判において、異例ともいえる即日判決で「懲役八ヶ月、執行猶予二年」の有罪判決を受ける。

なぜ即日判決になったかというと、彼が深く反省する態度を示したからだ。左は意見陳述書の原文である。

「我が国における現行の大麻取締法がある限り、私は再びこの法を犯すつもりはございません。なぜなら、国の決定に逆らうのは悪であり、加えてその決定には国の最高の機関が使われ、可能な限りの資料が集められ、充分に検討され且つ吟味された結果だと信じるからです」

改悛の情を示したことによって、陽水はさらに一層、マスコミの集中砲火を浴びることになる。若者の音楽、反体制の音楽がニューミュージックである。その英雄こそが陽水なのだ――そうした先入観をもって陽水を認識してきたマスコミは、事件について何の抗弁もせず、抵抗の素振りさえ見せずにあっさりと頭を垂れてしまった陽水に、すっかり拍子抜けしてしまったのである。

結果、「反体制の英雄が聞いて呆れる」「陽水は腑抜けだ!」といった論調が高まるにつれて、陽水には「だらしがない」というレッテルが貼られることになる。もっとも、陽水がもし逆の態度をとっていたら、たちまち「反省の色なし」と非難していたことだろうし、どちらにしてもマスコミのほうに分があるのだ。

ときに当時の陽水は、こうしたマスコミの論調をどんなふうに受けとめていたのか?

「(意見陳述が)皮肉っぽくいったと受けとめられるか、ヒラ謝りに謝ったと受けとめられるかわからなかったけど、どう思われるか、ゲームをしたみたいに思うのね。

小室さんに相談したら、〝多分、ヒラ謝りに謝ったと書かれるぞ、それでもいいのか?〟っていったわけ。そうしたら、絵に描いたようにそうだった……」(『TYPHOON』一九七八年九月号)

では、そもそも何故、あのような意見陳述書を書いたのか？

「あの法廷の中のぼくの役割がすでに決められているような気がしたのね。つまり、マスコミがいる。マスコミがぼくをどう見ているか。裁判長がどういう結論を持っているか。

そこには〝立場〟があるわけでしょう。立場の上での結論はすでに出ているわけね。予定調和的に進んでいる。ぼくの与えられた立場上の役というのは〝若者の音楽、ニューミュージックの旗手は反抗的である〟という役割で、見出しもすでに決まっている。そう思ったら急にバカらしくなったというのかな。あそこで泡を飛ばして論じあうこと自体が……」（前掲書）

さらに、「懲役八ヶ月、執行猶予二年」という判決については――、

「いってみれば、マリファナの問題というのも一種の災害、災害というのは変ないい方だけど、満員電車の中の人というのは手を出さないわけ。でもオレは手を出したんだね。それで、満員電車の側の法律で裁かれたのね。つまり、どっちが正しいか、ということよりも、やはり、世の中というのは、満員電車の中で進行しているという感じなんですよ。それは、金があるからタクシーに乗る、金がないから電車に乗るということじゃないんです。災害が起きたら、やっぱり、あの大多数を助けるために一人でタクシーに乗る行為は抹殺される、国という組織があるんだな、ということなんだ。ぼくの住んでる国の審判《ジャッジ》というのは、そういうことなんだよね」（前掲書）

法廷での態度とは裏腹に当時三十歳の陽水は、判決をこんなふうに受け取っていたのだ。それにしても、たとえ話に「満員電車」を持ち出してロジックを展開するあたり、さすがに陽水であ

る。

このインタビューから十四年後に、やはり陽水はこの事件について述懐しているのだが、論調はかなり異なっている。

「当時はまだ社会みたいなことをちょっと軽く見てましたからね。そのことによって自分が相当傷ついているんだというのを隠したり、圧縮してたのかもしれない。何かじわじわと効いてきたパンチというんですかね。いろんなことがこの齢になるとわかってくるんです」（『月刊カドカワ』一九九二年五月号）

マスコミはその後も芸能界の大麻汚染について書き立てたが、さらにニューミュージック界から数人の逮捕者が出たのを見届けると、やがて潮が引くように鎮静した。

こうした一連の経緯に業を煮やしていた富澤だったが、彼の苛立ちはやがて、抑えきれない憤怒へと変わっていった。

彼の怒りの矛先は、ニューミュージック界をまるで大麻汚染の温床のように報じてきたマスコミだけでなく、当時のニューミュージック界のいびつな構造そのものにも向けられていた。

陽水の他にも、数人のミュージシャンが逮捕されたが、マリファナをめぐる論争がニューミュージック・シーンの内部から涌き上がることはなかった。

陽水を全面的にバックアップしたマリファナ論争がニューミュージックの内部から起こらな

かったということは、実に象徴的だった。すなわち、かつてのフォーク時代のように、フォークの御旗の下に団結する熱っぽさがニューミュージックにはないということが明確になったからだ。

あまりにも肥大化してしまったニューミュージックは、単に音楽をジャンル分けする便宜的な言葉にしかすぎなかったのだ。（富澤一誠『ザ・ニューミュージック』一九八四年）

井上陽水『招待状のないショー』(76年、フォーライフ)

第七章

神々の黄昏

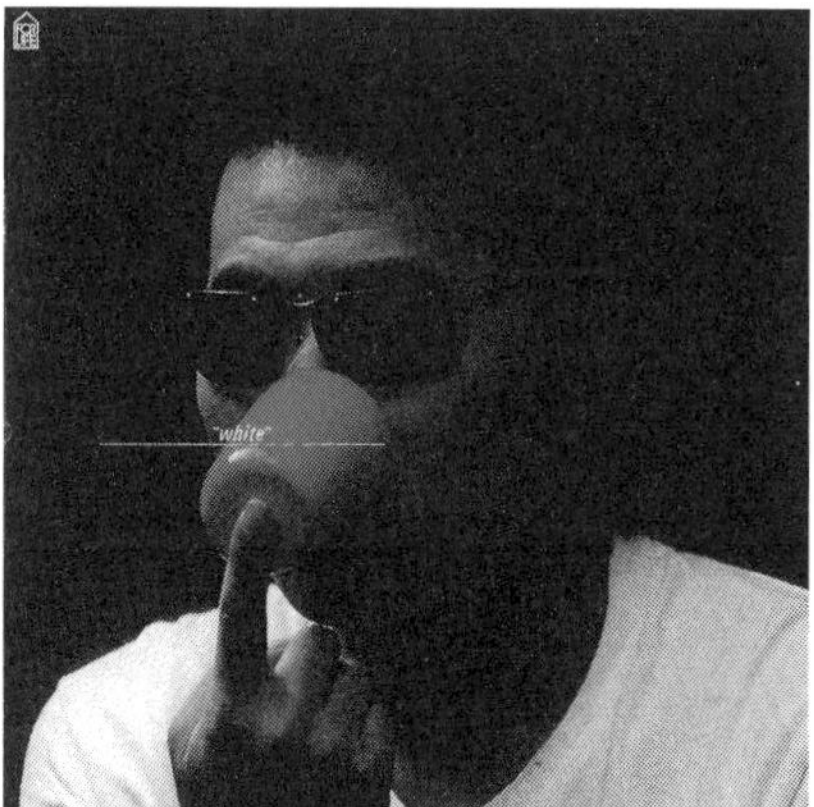

井上陽水『"White"』(78年、フォーライフ)

■変わりゆくニューミュージックのなかで

ニューミュージックとは、音楽をジャンル分けするための便宜的な呼称に過ぎない……。いまやマスコミからもリスナーからも《ニューミュージック評論家》として認知されるようになった富澤一誠にとって、これはゆるがせにできない問題だった。しかも、ニューミュージックの名づけ親がほかならぬ自分であることを思えば、なおさらだろう。

陽水の事件がマスコミを賑わせる半年以上もまえに勃発した、俗にいう「ニューミュージック論争」で大学教授を相手に孤軍奮闘したのは、いったい何のためだったのか。

この論争は、《ニューミュージック亡国論》を唱える大学教授に、富澤が反論。その論文《ニューミュージックこそ現代のバイブルだ!!》を「平凡パンチ」(一九七七年二月七日号)に発表したことに端を発する。

富澤が反論のペンを執った理由は、くだんの大学教授が自説の正当性を主張するための材料に、富澤のコメントを曲解して引用したからだったが、二人の論争はその後、雑誌からラジオへと舞台を変えながら大きく盛り上がっていく。しかし意外にも、当事者であるはずのシンガーソングライターたちは騒動をただ傍観するだけで、何のコメントも発信しなかった。

後に富澤はこの論争を振り返り、「評論家としての筆名を高めるためのプロモーションだった」と述べているが、その根底にはやはり「ニューミュージックを擁護できるのは自分しかいない」

という、彼なりの使命感と矜恃があったと私は思う。とすれば、高みの見物を決めこんで論争を眺めていたミュージシャンたちに、富澤はかなりあきたらないものを感じていたはずだ。

その頃、たまたま出くわした陽水から「富澤、あれ、マジにやってるの?」と尋ねられた富澤は、即座に「ビジネスさ」と応じた。すると陽水は、

「あれで、たとえば富澤の知名度が高くなるとか、原稿料が上がるとか、つまりセールス・プロモーションのひとつとしてやってるんなら文句はないけどね。マジでやってるんなら、ひとこと言わなくちゃいけないと思っていたんだ」と答えたという。

一九七八年はさまざまな意味で、ニューミュージックの世界にとって激動の年であった。

七月、泉谷しげるがフォーライフを脱退。小室等から社長のポストを引き継いだ吉田拓郎のもと、フォーライフは新人の積極的な登用や歌謡曲路線に舵を切るなどの新戦略を打ち出す。もはや拓郎と陽水の二枚看板だけでレコード会社を維持していくことは困難だった。

こうして拓郎・陽水・小室・泉谷の四人が設立した、日本初のアーティストによる、アーティストのためのレコード会社の一角がもろくも崩れ去った。

フォーライフのお家騒動と陽水のマリファナ事件はまさに象徴的な出来事であった。相次いだこれらの事象を契機として、フォークという音楽ジャンルは日本のミュージックシーンの表舞台から次第にバックヤードへと追いやられ、ニューミュージックの版図はフォークからポップスへと確実に塗り替えられていく。

七八年はまた原田真二、世良公則&ツイストといった昭和三十年代前半生まれの《ニューミュージック第三世代》が台頭した年としても特筆される。彼らの音楽は前世代とは比較にならないほどのメジャー志向であり、ポップ感覚にあふれた洋楽的なサウンドが特徴だった。さらに彼らには旧世代の拓郎、陽水のような放送メディアに対するアレルギーがまったくなく、積極的にテレビの音楽番組に出演することでヒット曲を連発する。その原田の所属レコード会社がフォーライフだったのは、なんとも皮肉なことである。

そんななか、年齢的には同じ第三世代でありながら、コンサートやラジオをメインに活動していた松山千春が「季節の中で」で大ヒットを飛ばしたことに、富澤は注目するのだった。

この年の七月、陽水は二年半ぶりにニューアルバム『〝White〟』を発表する。タイトルは同名の収録曲からとっているが、それにしてもまだ執行猶予中だった彼が事件後初となるアルバムにつけたタイトルが「ホワイト=白」なのである。それが身の潔白を暗にほのめかす〝イノセンス〟の白なのか、心機一転、過去をすべてリセットした〝白紙〟の状態を暗示しているのか？

富澤のレコード評を抄録する。

陽水のオリジナル・アルバムは、『招待状のないショー』以来、実に二年半ぶりだが、結論からいうと、出来は〝かなりいい〟といえる。『招待状のないショー』『東京ワシントンクラブ』の陽水には冴えがなかったが、『Ｗｈｉｔｅ』では〝冴え〟がある。とはいっても、『氷の世界』と比べれば、まだ80点ぐらいだが……それでも、出来のいいアルバムを作れたのは素晴らしいことだ。

陽水は間違いなく、この『Ｗｈｉｔｅ』で復活すると、ぼくは思う。大麻事件の影は『Ｗｈｉｔｅ』に直接的には反映していないが、こういうアルバムが生まれたこと自体が大麻事件のおかげだ。陽水は元来、尻に火がつかないと動かないタイプの人間——そう考えれば、陽水に〝ヤル気〟を与えた大麻事件は、まさに〝禍を転じて福となす〟ではなかろうか？

陽水の復活を心から喜びたいものだ。（『ミュージック・リサーチ』一九七八年七月三日号）

陽水の再起を祝福する文章である。

スキャンダルで失墜し、二度とカムバックできない芸能人がいるなかで、なにはともあれライバルであり盟友でもある陽水がニューアルバムを発表したことを寿ぐ富澤の心中はよくわかる。80点という高評価にはたぶん〝御祝儀〟の意味合いもあるのだろう。

また、富澤は「直接的には反映していない」と述べているが、大麻事件がこのアルバムに与えた影響について、陽水自身は「事件と今回のＬＰの直接的な因果関係は自分ではあんまり認めていないんだけど、やはり、色合いとしては出るでしょうね」（『ＴＹＰＨＯＯＮ』一九七八年九月号）と発言している。

たしかに、このアルバムの全体を覆っている暗色系の調子や、何ともいえない厭世観は、それまでの陽水作品の系譜にはなかったものだ。

まるで逮捕前夜の心境を歌ったような「青い闇の警告」、虚飾に満ちたゴージャスなステージと舞台裏で働く掃除婦のコントラストがリアルな「ミスコンテスト」、秘密を持つことを禁じられた町に、行き先を忘れたジェット機が堕ちてくる「迷走する町」、アルミニウムのプレス加工で指紋を失くしてしまった青年の絶望的な毎日を描いた「灰色の指先」などなど、ここに書き出すだけでも気が重くなるような作品が四曲も収録されている。

そのいっぽうで、「ダンスの流行」「暑い夜」のような軽快なロック・サウンドに我を忘れて踊りまくっているような陽水もいて、あまりの落差に困惑したリスナーも少なくないと思う。その意味では、アンビヴァレントで双極的な陽水のキャラクターがこれほど露わになったアルバムは他にないだろう。

こうした曲に埋没するようにインサートされた「甘い言葉ダーリン」は、「ナンセンスで、チャランポランで、つじつまが合ってないこと」を美しく感じる陽水が、その想いを具象化した記念すべき作品として聴き逃すわけにはいかない。

この曲で陽水が試みたのは、まったく繋がりのない言葉をアトランダムに並べたときに生まれる、つじつまの合わない世界を創造することであり、さらにその異空間でしか伝えられない「何か」を伝えることだった。まるでヌーベルバークの映像作家たちのような陽水のこの試みは、三十数年後の今日にいたるまで連綿と続くことになる。

■「レコ大審査員」辞退の波紋

一九七九年八月、富澤は「レコード大賞」審査員の要請を受ける。

当時のレコード大賞といえば数ある歌謡賞のなかでもっとも権威があり、知名度も群を抜いていた。フリーの音楽評論家として身を立てている者にとって、その審査員に選ばれるということは名誉なことでもあり、富澤の心は揺れる。しかし、これを引き受けるということは、いってみればレコード大賞を頂点とする歌謡界のピラミッドに自分が与することを意味する。体制に抗って正義を叫ぶフォークの旗振り役を自認していた当時の富澤にしてみれば、やすやすと歌謡曲勢の軍門に降るわけにはいかないのだ。

そうした信条にくわえて、富澤はこうも考えた。

「レコ大の審査員になるということは、一流の音楽評論家としてお墨付きをもらえるということなんです。だけど、その頃のぼくは一流の仲間入りよりも、審査員のポストをあえて蹴ってしまうことで、一流の上を狙おうと思ったんですね……」

富澤はレコ大の審査員を辞退するが、「一流の上を狙う」という言葉はなかなか出てくるものではない。ことの経緯はこうだ。

当時、レコード大賞は大きな岐路に立たされていた。その前年、レコードセールスの実績と人気度、楽曲の優秀性から、音楽ファンの間では間違いなくアリスが大賞を受賞するものと見られていたが、結果はあにはからんや、どうみてもアリスの楽曲よりも明らかに低位と思われる歌謡曲がやすやすと大賞を獲ってしまう。この結果に心ある音楽ファンが疑問符を投げかけたことで、〝レコ大は公正さに欠ける〟〝ニューミュージックはレコ大を獲れない〟という風評が流布されていく。

こうした風評に危機感を募らせたのか、レコ大の運営側は公正さをアピールする名目で、審査員の数を従来の五十名から六十名に増員することを決め、富澤に白羽の矢を立てたのだが、レコ大の歌謡曲偏重体質を以前から疑問視していた富澤は、三年前に《レコード大賞の内幕研究》と題した暴露レポートを雑誌に発表。公正な審査を阻むカラクリや矛盾点を鋭く批判していた。

それを承知で富澤に審査員を要請してきた運営側のねらいは明白で、フォーク＝ニューミュージック論壇の泰斗である富澤を審査員に引き入れることによって、レコ大についてまわる〝歌謡曲優遇〟のイメージを払拭したいという意図が透けてみえる。

そうした事情に鑑みて、富澤には二つの選択肢が残されていた。ひとつは審査員を引き受けて、レコ大の体制内改革を推し進めること。もうひとつは、辞退することで外側から改革を迫ることである。

思案投首の末に富澤は後者を選んだ。増員メンバーの候補のなかで、ニューミュージック系は富澤だけである。いくらなんでも、たった一人で体制内改革はできない。しょせんは〝蟷螂《とうろう》の斧《おの》〟と嗤われるのがオチである。
とはいえ、富澤はスゴスゴと尻尾を巻いて審査員を辞退したわけではない。同年の九月十日号の「ミュージック・リサーチ」誌上に二ページを割いて、審査員辞退にいたる経緯と心情を説明。業界内に波紋を拡げた。その末尾は次のような過激な文章で結ばれている——。

（審査員の数が）五十人から六十人なったところで五十歩百歩だ。少数だから権力が生じ、変な癒着が出来て、黒い霧が発生する。それを時代の流れが嫌っているのだ。レコード大賞を生かすには、まず病根を断ち切らなければならない。その病根を断ち切るために、あえて辞退したいと思う。

男の美学として、筋は通したい。ぼくはあくまで書き手だから、レコード大賞審査員になるよりも、ベストセラーを出したいと思っている。それが本当の〝本音〟である。

今日から見ればナンセンスに映るかもしれないが、当時のフォーク＝ニューミュージックには歌謡曲を蔑視する風潮があった。強いて文学に喩えれば、歌謡曲は通俗小説であり、フォーク＝ニューミュージックには純文学もしくは人間の生きざまを赤裸々に描いたノンフィクションという趣があった。その〝旗振り役〟をもって任じていた富澤にしてみれば、世間の批判をかわす当て馬にされるのを承知でレコ大の審査員を受けるわけにはいかない。つまりは、ステイタスよりも〝男の美学〟を選んだということなのだろう。

それにしても、あまりにも調子の高い文章ではある。たしかにこの時期、富澤は音楽評論家として〝絶頂期〟を迎えていた。十五本のレギュラーを抱え、月に三百枚の原稿を書き飛ばした。月産三百枚といえば売れっ子流行作家並みのボリュームだ。

そのうえ三月に出版した『松山千春・さすらいの青春』がベストセラーとなり、順調に版を重ねていた。最終的に二十万部を売り上げたこの本は、富澤が書いた七十冊近い著作のなかでもマスターピースと称ぶに相応しい力作である。

先述したように、雑誌「GORO」に連載していたルポルタージュで富澤が学んだ、徹底的に取材して書くというノンフィクションの手法がこの本でも生かされ、取材対象は松山千春本人はもちろん、両親、兄弟、恩師、友人関係にまで及んだ。

「拓郎、陽水、こうせつがフォークというものを形のないものからここまでにしたという実績は認めざるをえない。反体制だったフォークを体制と肩を並べられるまでにした。これは立派な業績だ。オレは今度は体制を作っていくんだという気がまえを持っている。はっきり言って、オレはお山の大将ではいたくない。ニューミュージック界なんて音楽業界のひとつの山にしかすぎないし、その音楽業界にしたって、日本からみればひとつの小さな山でしかない。オレは過去の実績の上にあぐらなんかかきたくない」

こんなふうに熱く語る松山に、富澤はかつての拓郎や陽水の面影を見ていた。そして、松山千春に出会うことによって、陽水の呪縛から次第に解放されていく。

この年の富澤の快進撃はさらに続き、同じノンフィクションの手法で書いた『さだまさし　終りなき夢』が十二月に発売されると、これまた十万部のベストセラーとなった。

■道に迷っているのではない

いっぽう陽水も調子を取り戻しつつあった。

九月にリリースした『スニーカーダンサー』は、彼の転換点を示したという意味で、やはり特筆すべきアルバムだった。

共同プロデュースとディレクションに再び多賀英典の名がクレジットされているが、このアルバムから、かつての熱い〝多賀イズム〟を感得することはできない。

それはともかく、収録曲の半数を任された高中正義のフュージョン風なアレンジが、これまでの陽水作品のイメージを一新させている。ファンの間で「陽水はこのアルバムから変わった」といわれるゆえんだろう。

そうした高中サウンドのなかには、いまもライブで歌われる頻度の高い「なぜか上海」「娘がねじれる時」といった人気曲が収録されているいっぽうで、「事件」というレゲエ調の曲のあとにカットインしてくる「今夜」という曲は怖い。

この歌の印象を一言でいえば、「背筋が寒くなる」ような歌である。「君にさわらずどんな

Kissをしようか」というからにはラブソングなのだろうが、そこからは現世的な恋愛のリアリティーはまったく感じられず、まるで彼岸の世界の道行きを見ているような気さえする。なにしろサビのあとに二度リフレインされる「それともこのまま？」というフレーズが不穏だ。「このまま」の先には、死のイメージが漂っている。

もっとも陽水本人にはそうしたネガティブな意識はないようで、このアルバムから受けるトータルな印象は、トンネルを抜け出た彼の「屈託のなさ」である。それでも強いて指摘するならば、終曲の「勝者としてのペガサス」は「今夜」同様に異質である。「楽しいヨ　罪のない事は」「悲しいヨ　敗れ去る事は」「気をつけて　どんな天気でも」というフレーズは意味深長であり、そもそも「勝者」とは誰のことなのか、興味は尽きない。

もちろん《繋がりのない言葉をアトランダムに並べたときに生まれる、つじつまの合わない世界》はさらにブラッシュアップされており、「勇気なら持ちなさい　得になるから」「リンゴなら食べなさい　中の中まで」には舌を巻く。そのまま何かの広告のヘッドコピーに使っても通用するだろう。

いっぽう、前作で陽水の復帰を祝い、今後の音楽活動に期待を寄せていた富澤は、このアルバムをどう聴いたのか？

陽水の『スニーカーダンサー』は、『Ｗｈｉｔｅ』以来一年ぶりのオリジナル・アルバムだが、陽水の新境地を拓いたアルバムといえる。というのは、このアルバムを聴いていると、過去のアルバムのどれとも似ていないからだ。だから、多くの人は、昔の陽水をイメージして聴いたらがっかりすることだろう。正直言って、ぼくも初めてこのアルバムを聴いたとき、陽水はどうして〝青春〟を歌わないのだろうかと思った。

しかし、一年前に陽水に会ったとき、陽水は「昔のように歌えっていっても、それは無理だよ。昔は〝きみが好きだ……〟それですべてを言い表せたが、今は〝きみが好きだ〟にプラスαがつくわけよ」と言っていたのを思い出すと、さもありなんと思わずにはいられなかった。それで二度三度と耳をこらして聴いてみた。すると今、このアルバムの音楽こそ、今の陽水を反映していると思った。そう思うと、これはひとつのプロセスとして必要不可欠ではないかと思えてきた。

まだ、質的に『氷の世界』に匹敵するとは思えないが、今、陽水の中で何かがうごめいていることが感じられる好アルバムである。（『ミュージック・リサーチ』一九七九年九月三日号）

好アルバムである……と評価している割には、全体的にボルテージの低いレコード評である。前作に収録された「ミスコンテスト」「灰色の指先」を聴いて、やや昔の陽水に戻ったような感触を得たことから、次回作に期待を寄せていた富澤にしてみれば、肩すかしを食ったような想いだったのではないか。先述したように、このアルバムが陽水の転換点になることは富澤も感得しているが、こうしたプロセスを通過した先にどんな音楽世界が立ち現れるのか、富澤は予測も期待もしていない。ただ、「陽水の中で何かがうごめいていること」を指摘するのみである。

私には、このアルバムを聴き終えた富澤が溜息をもらす映像が浮かんでくる。それだけに「〝慣れ〟は〝スレ〟に継《つ》ながり〝ナイーブ〟さが失くなる原因となるから、気をつけた方がいいだろう」という、かつてのアドバイスが寒々しく響く。むろん富澤がいまさら何をいったところで、陽水の耳を素通りするだけだろう。このアルバムの一曲目に収録されたタイトルチューン「スニーカーダンサー」で彼は歌っている。

呼び止めないでおくれ、間違わないでおくれ、俺は不思議な動きをするけど、道に迷っているのではない――と。

■歌謡曲への接近

一九八〇年になると、ついにニューミュージックがレコードセールスにおいて歌謡曲を凌駕する。

アルバムのシェアではすでに七九年に歌謡曲を上回っていたが、この年になってシングルにおいても全体の五〇・三%をニューミュージックが占めたのである。ちなみに売り上げの上位は、①ダンシング・オールナイト（もんた&ブラザーズ）、②ランナウェイ（シャネルズ）、③大都会（クリスタルキング）、④異邦人（久保田早紀）、⑤順子（長渕剛）となっている。

レコード大賞を頂点する歌謡曲の体制がニューミュージックの進出によって崩壊の危機にさらされたことは、歌謡曲勢にとって死活問題だった。

そこで、歌謡曲勢がとった巻き返し作戦は、ニューミュージックのアーティストの取り込みである。

ニューミュージックの進出に伴って、歌謡曲には「ダサい」というイメージが定着してしまっていた。これを払拭するには、ニューミュージックの高い音楽性が必要だったのだ。かくして歌謡曲勢はニューミュージックのアーティストに次々と作品を依頼。財津和夫、来生たかお、松任谷由実、大滝詠一、桑田佳祐、細野晴臣といったポップス系のアーティストたちが続々と歌謡曲の世界へ進出していく。なぜ彼らがターゲットになったのかといえば、全員が高いレコードセールスの見込める「売れっ子」だったからである。

松田聖子に作品を提供した財津和夫は後に富澤の取材に、歌謡界進出の理由をこう語っている。

「たまたま彼女が売れていたからね。まあ、売れている人に曲書くのは気楽な感じだから。あんまりよく覚えてないんですけど、歌謡曲界に殴り込みたいっていう気持ちもありましたね」

また、自分が歌謡曲に参加する意味については次のように説明した。

「歌謡曲っていうのは誰でもうたえなきゃいけないんだけども、でも矛盾したような言い方ですけど、誰でもうたえないものを提供する方が、大げさに言えばこれからの日本のためになるっていうか、ね。やっぱりつまんないですよね、誰でもできそうなことをやっても。外国の歌っていうのは優れていますよね。だから、外国の曲に一歩でも近づけたら気持ちいいっていうか、そこは完全に自己満足ですけどね……」（富澤一誠『ぼくらの祭りは終ったのか』）

いっぽうで富澤は、歌謡曲勢にも話も聞いている。

中森明菜を育てたワーナー・パイオニア（現・ワーナー・ミュージック・ジャパン）の島田雄三プロデューサー（当時）は、このような本音をもらした。

「明菜をどう目立たせるかと考えたとき、他と同じことをしていても駄目だと思い、ニュー歌謡曲を作ろうというコンセプトを考えました。そのためには既成の作詞作曲家は使えません。なぜなら他と同じような歌しかできないからです。ニューミュージックの音楽性には常日頃から一目置いていました。その音楽性をアイドルの中に入れると面白いと思いました。歌はしょせん流行歌です。それが私のポリシーですが、そんな観点に立って、ユーザーが求めているのは何かと考えたとき、やっぱりニューミュージックしかありませんでした。その意味では、ニューミュージック・アーティストの名前が欲しかったんではなく、彼らの持っている音楽のエッセンスがどうしても欲しかったんです」（前掲書）

作詞家のなかにし礼は、作曲家の先生が曲を書き、作詞家の先生が詞を書き、それを歌い手が歌うという歌謡曲のシステムは『氷の世界』の大ヒットによってピリオドが打たれた、と語っている。

が、それ以前にもレコード大賞を受賞した「襟裳岬」（七四年）、「シクラメンのかほり」（七五年）は、ともに吉田拓郎、小椋佳の作品であり、歌謡曲勢の歩み寄りはすでにこの時代から粛々と進められてきたような気がする。

それにしても、歌謡曲に進出しているニューミュージック勢には、第一世代のミュージシャン（フォーク）である吉田拓郎もいる。これが富澤にはショックだった。第二世代や第三世代ならともかく、拓郎が踏ん張ってくれなければ日本のフォークの灯は誰が守るのか……。

では、第一世代のフォーク・ミュージシャンが歌謡曲の世界に歩み寄っている現状を、ポップスのミュージシャンたちはどのように感じていたのか。

「フォークの連中は自分がフォークをやってることにどのくらいの誇りを持っているのかな。フォークにはフォークの良さがある。それは詞じゃなかったのか。それをぼくらと同じことをやったって駄目だよ。フォークとぼくらがやってるポップスとではルーツが違うんだからさ……」と語るのはポップス路線の第一人者、山下達郎である。

「つきつめて考えれば、しょせん金を取ってるんだから、何だって同じさ。だけど、やってきたことをどう展開させるかということと、流行に合わせてどう変えていくかということは、違う問題だと思うな。ふたつしかないと思う。純粋に音楽をどうしていくかということと、音楽を使ってどうしていくかということと。ぼくら商品だから、（LP一枚）二千八百円って付加価値が付いて、その利益で生活が成り立っている。だとすれば、金が儲かれば音楽なんかどうでもいいっていう発想だって、否定はできない。たしかにアイドル歌手に曲を書けば自分のアルバムより売れるわけだし、自分のシングルより売れるわけだから、売れた分の莫大な印税が入ってくる。そうなったら楽ですよ。だってキャンペーンなんかしなくてもいいし、テレビに出なくてもいいし。それもひとつの方法ではあるかもしれないけどさ。なんか違うんじゃないかと思うわけ、最近はよく」（前掲書）

手厳しいが、山下達郎の意見には耳を傾ける価値が充分にあると富澤は思った。山下はひとつの世界を確立するには、十年なんてほんの一瞬にしか過ぎないことを知っている。それに引き換え、フォークのアーティストは、すでにひとつの世界を確立したと錯覚して、表現手段をころころ変えすぎる。山下の指摘どおり、「彼らには誇りがあるのか？」とさえ思ってしまう。

手厳しいといえば、桑田佳祐の主張はもっと過激で辛辣だった。

「これはセンスの問題だからね。歌謡曲であきたらなくなって洋楽を聴き始めたオレ自身の音楽体験からすれば、歌詞がサウンド化されたメロディーでないとね。そんでやっぱりサウンドがドーンと飛び込んでこないと駄目ですね。今の時代に、ギターかなんかで、〝貴方はもう……〟なんてやるとさ、今の若い人たちはズズズズッと（倒れ込む）くるでしょう。だいたい、フォークの当事者たちはボブ・ディランでもなんでも直訳しすぎなんだよ。〝ラブ〟と言ったら〝よし、愛だ！〟とか、〝マイ・ライフ〟と言ったら〝よし、生きざまだ！〟とか。今、それをやったらイモなんだよ。でも、やってるよね、まだ。

そうじゃなくて、もう時代は豊かなんだから、畳があって、男と女がいて、部分と部分の結合じゃないんだから。周りにはピンクのカーテンとかいろいろなものがあるわけですよ。象の置物とかさ。全部うちのものだけども（笑）。その辺のものを、艶とか光沢を見ながらセックスを連想できるみたいな、そういうことじゃないとつまんないんじゃないかと思うんだけどもね。置物の色は黒いとか、象のおしりの艶は黒いとか、そういう表現のしかただけで、もう今、バカじゃないかぎり、人間わかるんだよ。これはセックスを歌っているということじゃなくてもさ、実にエモーショナルですね、というのはわかるものね。それが今のコミュニケーションなんだよね。だからこそ、オレは〝生きざま〟よりも〝センス〟をとるね。オレたちはあくまでも軽いわけよ」（前掲書）

もはやフォークはイモなのか──。

そういわれると反発したくなる気持ちもあるが、桑田の主張にも一理あると富澤は思う。

たしかに、かつてのフォーク時代には、拓郎のメッセージ・ソングが、陽水、かぐや姫の叙情派フォークがリアリティーをもって迫ってきた。「貴方はもう忘れたかしら　赤い手拭い　マフラーにして……」と南こうせつが歌うと、それだけでグサリと聴き手の心に突き刺さってくるものがあった。

いまの若いリスナーが「生きざま」ではなく、「センス」と「軽さ」で音楽を選ぶとすれば、フォークが生き残る道は残されているのか？

こうなったら桑田のいう「フォークの当事者」に会わなくてはならない、と富澤は思った。

■小椋佳との対話

小椋佳に話を聞こうと思った。

多賀英典に見出され、陽水とともに叙情派フォークの扉を開いたフォーク界の巨人である。

「シクラメンのかほり」で誰よりも早く歌謡曲勢に作品を提供した人でもある。

「ぼくも含めて、陽水さん、拓郎さんがかつてほどウケなくなっていることは、ぼくは当然だと思っています。だって、考えてみれば、大した芸もなくて、それでもあたかも芸人のようにお金を稼いでいたわけでしょう。それで芸人であればエンターティナーであるべきなのが、彼らはエンターティナーとして生きたんじゃなくて、なんか身勝手な自己主張をしたことがたまたま時代の波と合っただけだから。そこにマーケットがあったんですよ。そのマーケットとつながったから、たまたま偉大なエンターティナーのごとく稼いだわけでしょう。ところが、今はそのマーケットがなくなってしまった」（富澤一誠『ぼくらの祭りは終ったのか』）

かつてフォークには自己主張があった。それが身勝手なものであっても、彼らの自己主張に共鳴するリスナーは多かった。というよりも、メッセージが身勝手であればあるほど、その歌に惹かれた。ありきたりの道徳観や既成の枠組みや決められたリズムに、当時の若者たちは食傷していたのだ。それを〝時代の波〟というなら、まさにそのとおりだろう。

しかし、時代の潮目が変わってしまった。いまのリスナーは音楽に身勝手な自己主張などを求めていない。むしろメッセージなどないほうがいい。「生きざま」よりも「センス」を選ぶといった桑田の創りだす歌に人気が集まるのもうなずける、と富澤は思った。

ならば、フォーク・ミュージシャンの生き残る道はないのか？

「だから、彼らの未来が本当に開けてくるためには……そのひとつの道は、若いアーティストをはるかにしのぐエンターティナーになることですよね。その人のショーを見に行くと、素晴らしくハッピーな気持ちになって帰れるとかね。もうひとつは、彼らが本当に真剣な自己主張を続けることでしょうね。それはとりあえずマスコミ受けはしないかもしれないけど、偉大な芸術家みたいなかっこうで、大きくは騒がれないけど、結局、価値のあるものとして認められるという、そんな認められ方はあるかもしれない。そのどっちかでしょうね」（前掲書）

当時はまだ現役の銀行マンで四十歳だった小椋もまた、何をテーマにして、どう歌ったらいいのか悩んでいた。自分の気持ちに正直な歌しか作ってこなかったからだ。小椋が鋭く斬ってみせたニューミュージック界の現状分析は、そのまま自身に向けられた言葉でもあった。

果たして、これからの小椋はエンターティナーへの道を選ぶのか、それとも芸術家の道を歩むのか——富澤はそれを知りたかった。

「若いときは疑問符の投げかけそのものが自己主張だった。偉そうな人が偉そうなことを言うと、〝そんなに簡単に結論が言えるはずがないでしょう〟という言い方。それが青春、あるいは若者としてのひとつの自己主張なんですね。じゃあ、キミはどう考えているんだと言われたときに、

〝結論がないのが結論だよ〟とか言ってツッパっていればそれですむわけだから。ところが、あと五年もすれば、自分で確信しきっていなくても、結論を言わなきゃいけないという状況になってくる。

それは自分の家庭の中でもきっとそうだし、ぼくの齢でサラリーマンもそろそろ中堅以上になってくると、自分である種の決断をつけなければいけないようになってくる。すなわち決断の当事者になる年代ってあると思う。そういう世代にぼく自身がなりつつあって、だから疑問符の投げかけだけではすまない年代、だから歌の内容もそうなってくるでしょう。きっとあんまりカッコ良くない歌が続くかもしれませんね……」(前掲書)

この話を聞いて、小椋はエンターティナーにはなれない人だろう、と富澤は思った。どんなに「カッコ良くない歌」でも、彼は歌い続けていくのだろう。それが小椋の決着のつけ方なのだ。しかし、それは同時に、当時のレコード購買層の大半を占めていた中・高・大学生をターゲットにするということでもある。そのためには、若いアーティストとしのぎを削り合うことも覚悟しなくてはならないだろう。小椋にその覚悟はあるのか？

「本当に歌が作りたければ、若い人たちがわからなくたっていいから、自分と同世代の人のために、すなわち自分のための歌を作ればいいわけでしょう。ところが、そのマーケットが日本にはない。売れなくなるでしょうね。でも、それは当然で、それでいいんじゃないですか？　若い人が共感できる歌は、若い人が作ればいい。ぼくは売れなくても自分と同世代のための歌、つまり

自分の歌だけ歌っていこうと思うんです」（前掲書）

小椋の決断には、もはや返す言葉もなかった。

人生の分岐点に立ったとき、どちらの道を選ぶのかは、もちろん本人の自由である。しかし、小椋佳には自分の進むべき道と、その先の風景がはっきり見えている、と富澤は思った。

では、陽水はどうなのか？

富澤は陽水に会って、本人から話を聞いてみたくなった。

いまの陽水はすでに、あの〝お化けキノコ〟の陽水ではない。それを承知のうえで、胸の奥に堆積している想いのありったけを、陽水にぶつけてみたいと思った。

井上陽水『スニーカーダンサー』(79年、フォーライフ)

第八章
袂別

井上陽水『EVERY NIGHT』(80年、フォーライフ)

■「軽さ」へ向かって

陽水にとっても一九八〇年は〝新生陽水〟の誕生を広く世間に知らしめたという意味で、大きな節目の年となった。

一月にフジテレビで放送された『1ST!! 陽水スペシャル』をきっかけに、この年以降もテレビ番組にしばしば出演するようになり、七月にはFMのラジオ番組で身の上相談を引き受け、水際だった回答と饒舌ぶりにファンは驚く。そこには、孤高・寡黙・マスコミ嫌いといった過去のイメージはなく、その心境の変化に世間の耳目が集まった。

テレビ出演を拒否していた頃、その理由を問われた陽水は折に触れて「テレビは観るもので、出るものではない」と嘯いていたが、後に内心をこう吐露している。

「最初の頃はテレビに出るとか出ないとか考える余裕はなくて、事務所の決定がいちばん意味の重いものでね。自分の意志というのがあんまりなくて。だんだん売れ始めてくるとテレビ依頼というのももちろん出始めてくる。そのときにまず僕が思ったのが、これはやっぱりひねくれ者っていうかへソが曲がってるっていうか、つまりテレビってのはすごく権力を持ってるんだなって印象があったんですね。どんな人間だってテレビに出てくれっていうと人はすごく喜ぶというふうに局側は考えてるような気がしたんです。そういうものに対するアンチみたいなものはもうあったわけ。そうはいかないよというところを提示したいっていうのかな」（『月刊カドカワ』一九

九二年五月号）

それが八〇年代に入ると「テレビは一度にたくさんの人が見られるという点で現代的だ。体の調子がよくて、テレビ局とスケジュールなどが折り合って、テレビで歌うとレコードセールスに結びつくという計算が立てば、出たいものだと思う」（『朝日新聞』一九八一年）というふうに変化し、さらに「やっぱり（テレビに）出ないっていうのはなんか、かたくなな感じがするじゃないですか。〝かたくな〟っていう堅い感じが、あまり美しいとは思わなくなったんですよ」（『ギター・ライフ』一九八二年五月十日号）となる。

折しも漫才ブームが日本中を席捲していた。もはやテレビは「我が国の将来の問題を誰かが深刻な顔をしてしゃべっている」ようなメディアではなかった。テレビの作り手も視聴者も、深刻さよりも「軽さ」を重要視していた。そんな時代に「かたくなさ」を貫くことは、美しいことではない。むしろダサい。「オレたちはあくまでも軽いわけよ」と自分たちの世代を代弁した桑田佳祐の発言にも一脈通じているが、そんな桑田の「軽さ」に陽水もシンパシーを感じていた。

「テレビが好きだから『ザ・ベストテン』をよく観てるんだけど、サザンオールスターズいいですね。特にあの桑田クンはいいよ。『勝手にシンドバッド』を聴いたとき、本当に素晴らしいと思った。メロディーに対する詞の譜割りがまったく自由なんだ。僕なんかだと、どうするときれいになるかと、ごちゃごちゃ考えるわけだけど、そんなことを無視した歌いっぷりはいいね」（『ヤングフォーク』一九七九年）

陽水にとって八〇年代のテレビは、「存在の耐えられない重さ」から解放された自身の「軽さ」をアピールするためにきわめて有効に作用した。しかしこれは結果であって、周到に計画されたイメージ戦略が事前にあったわけではなく、どこまで自分が軽さを追求できるかを見定めるための実験的遊戯だったようにも感じられる。

もちろん、ここでいう軽さとは軽薄という意味ではなく、現実をパロディ化して表現しようとする精神のことであり、当然そこには対象への批判、揶揄、風刺が内包されている。もちろん作者は「この作品はパロディです」とは言わないので、表現されたものがパロディかどうかの判断はリスナーの素養と感性に委ねられるわけだが、たとえばマーラーのシンフォニーがそうであるように、それがパロディであろうとなかろうと、まずは音楽として純粋に楽しめる作品を創るのがプロフェッショナルの技なのだ。この時代以降の陽水作品を聴いていると、そんなことをつくづくと思う。

さらに極端なことをいえば、左に掲げる陽水の発言を聞いていると、「傘がない」も「夢の中へ」も「心もよう」も「氷の世界」も、実はすべてがパロディだったのではないか? そんな想像すらしてしまうことがある。マーラーの音楽もそうだが、ときにパロディはとてつもなく深刻で悲劇的な旋律を装ってリスナーを困惑させるからである。

「僕の目的は何かっていうこと。……無いんでしょうね。無いっていうか、もちろん人間ですから、なんだかんだ欲もあるんですけど、でも結局、このぐらいの齢になってすごく自分をある種客観的に見られ始めたんじゃないかなというところで結論的に言うと、何にもなりたくない人なんじゃないかな。つまり、何者にもなりたくないために右往左往していたら、いつのまにか歌手になってた。そんなことなのかもしれないね」(『月刊カドカワ』一九九二年五月号)

八〇年に陽水がリリースした『EVERY NIGHT』は、まさに彼の実験的遊戯が全開になったようなアルバムであった。

一曲目の「サナカンダ」から陽水の美声とポップなサウンドの軽さに酔いしれることができ、BGMに適したアルバムという基準で選んだ場合、間違いなく陽水の全アルバム中の極点といえよう。フレーズを解釈するために何度も曲をリフレインして聴き直すという手間がない分、陽水ファンのビギナーには打ってつけのアルバムでもある。

繋がりのない言葉をアトランダムに並べたときに生まれる、つじつまの合わない世界の創造については、さらにスキルアップしており、「楽しい事を泳いで さみしい事は休んだ」「かりそめをもっと知って ハデ好み切手はった」「恋人はライオンライオン 友達はカモンカモン」「プールに泳ぐサーモンサーモン」等々、大胆な表現がこれでもかとばかりに頻出する。後の「雪のシロアリ」「猫のみどりのため息」へと連なる桁外れの言語感覚には脱帽するほかない。

また、辞書にない言葉を作り出すことは小説家と作詞家にのみ許された特権だが、このアルバムにも「ロンリー湾」「なじなぞ」などの造語が登場。この試みは「少年時代」(一九九一年)の

「風あざみ」で見事な完成をみる。

さて、このアルバムを聴いたリスナーのなかには、それこそ「何者にもなりたくない陽水が無理にでも歌手たらんと気張って作ったアルバム」との印象を抱かれた向きも少なくないかもしれないが、けっしてそんなことはないと思う。繰り返しになるけれども、このアルバムこそ「軽さ」を追求していた八〇年代初頭の陽水が試みた、実験的遊戯の結晶だからである。

残念ながら、この実験からは期待したほどの化学反応は起きなかったとはいえ、ここを通過していなかったら翌年にヒットする「ジェラシー」はなかったのではないか。その意味でも、この実験的なアルバムの制作は十分に有益だったと思う。

さらに、ここに収録された十曲はパロディなのか、という問題がある。私は、このアルバムの存在そのものが、八〇年代初頭のニューミュージックに対する壮大なパロディだと思っている。受け取り方は人それぞれだが、「歌詞がサウンド化されたメロディー」がもてはやされた時代、「生きざま」よりも「センス」が重んじられた時代に、このアルバムがリリースされた意味とは何だったのか？

陽水の底抜けに晴朗なボーカルから、「それはいいことだろう？」と問いかける彼の心の声を聴くのは私だけだろうか？

■陽水との対話

レコードセールスで歌謡曲を凌駕したニューミュージックは、翌年には早くも歌謡曲勢に巻き返される。

アイドルたちはニューミュージック勢が提供した曲を歌い、この世の春を謳歌していた。

こうした現状のなかで陽水は何を考えているのか？

「セールスの芳しくない時代だからこそ『心もよう』のような曲をもう一度書いてみてはどうかと周囲に勧められ、トライしてみたが、『やはり同じものって、もうできないんですね、絶対に……』」（「週刊明星1982年2月4日号」）と語っているところをみると、陽水も自分なりに試行錯誤を重ねていたのだろうか。

彼もきっと悩んでいるに違いない。ぜひ陽水本人から忌憚のない意見を聞きたい、と富澤は思った。

こうして富澤は陽水に会う。二人でじっくりと話すのは久しぶりだった。

『二色の独楽』以降、陽水はどうしてサウンド志向になったのか？　歌詞は、なぜ自分のことを率直に言うのではなく、一歩距離をおいて抽象的に表現するようになってしまったのか？

デビューしてからサード・アルバムの『氷の世界』まで、あれだけストレートに自分の心情を表現し、若者たちに熱い共感を与えていた陽水がなぜ作風を変えたのか――？

「そこが、ぼくには理解できないんだ」

富澤はいきなり斬り込んだ。

「そのことに関して言うと、富澤にひとこと言いたいのは、あたたかい目で見て欲しいということだね」

と、陽水は一語一語、言葉を選ぶように話しはじめた。

「結局、昔のあのパターンというのは、自分なりに〝やった〟という感じがあるわけよ。ああいうスタイルでね。それでそれなりの評価も得たし、自分でももういいな、なんて感じがしている。今度は次の角度というか、次の新しい価値観みたいのを見つけていきたいわけじゃない、オレとしては。

デビュー曲（人生が二度あれば・傘がない）を聴いてもらえばわかるように、デビュー曲があいう形であって、徐々にいろんな変化をして『氷の世界』みたいなものになっているじゃない。今度もまた始めてるわけね。だから、新しい価値観みたいなものに対して、そういきなりパーフェクトなものはできないと思うけど、とりあえずそこら辺の作業がまずないと、次に進めないからね。

『氷の世界』もひとつのアングルとしては良かったけど、今度はいつになるかわからないけど、また新しい価値観を創造したいわけさ。ここ数年間はそういうプロセスなんだろうね、きっと……」

陽水の言うこともわかる。鮮烈なデビュー、そして『氷の世界』でひとつの世界を確立した。そして今度はそれとは別の世界を確立させたい。それはアーティストとして当然の欲求といえよう。

しかし、それにしても……と、富澤は考えてしまう。たぶんそれは『氷の世界』こそ、数ある陽水のアルバムの中で最高傑作だと富澤が判断しているからであり、その判断にはいまだ揺るぎないものがあった。

その前の二枚のアルバム『断絶』『センチメンタル』もそれなりに評価している。だが、陽水の感性の世界が星勝のサウンドの世界に優っていたため、陽水の本質を表現はしていたが、それゆえに重たくて一般性に欠けていた嫌いがある。

それが『氷の世界』では、陽水の感性と星勝のサウンドが見事なまでに伯仲して、陽水の感性がサウンドに乗った。そのミクスチャーはあっという間に受け入れられ、広く浸透して、ミリオンセラーにつながったのだ。

ところが、続く『二色の独楽』では『氷の世界』でのバランスが崩れてしまい、今度は陽水の感性が四分、星勝のサウンドが六分と逆転してしまった。その結果、必然的にサウンド志向になり、陽水らしさであるしっとりとした情感は、どこかへ吹っ飛んでしまった。

その後の『招待状のないショー』『東京ワシントンクラブ』『Ｗｈｉｔｅ』『スニーカーダンン

サー』『EVERY NIGHT』については言わずもがなで、これらのアルバムを富澤が溜息まじりに聴いたことはすでに書いた。陽水にいちばん訊きたかったのも、次の一点なのだった。

「なぜ『氷の世界』のような歌を作らないのか、もっと詳しく聞かせてくれない？」

「ここら辺の話というのはちょっと臭くなるけど、やっぱり、さだまさしとか松山千春みたいなことになると〝説教調〟とか、たまに〝人生〟が出てきたりするわけじゃない。そこら辺というのは、あんまりね……。飽きちゃったというか、さほど大した文化じゃないなと思ってる。そこに主張が込められていたり、昔のメッセージが入っていたり、なんかそんな感じって、全然興味がないね、今」

松山千春もさだまさしも、かつて富澤が彼らの生きざまをノンフィクション作品として発表し、いずれもベストセラーになったことは前述したとおりだ。それを知ってか知らずか、陽水の口からふたりの名前が出たことに、富澤は引っかかりを感じた。が、ここで陽水を相手にみずからの千春論やさだ論を開陳しても仕方がない。

「そうはいっても、かつては歌にメッセージをこめたり、人生を語ったりしたことはあったはずでしょう？」

「『傘がない』なんていうのは、そういう感じでやった」

「いつ頃から、そうしたことに興味を失いはじめたの？」

「『氷の世界』というのは、微妙なバランスだね。そこら辺がなくなっているような気もするしね。つまり、エンタテインメントに徹しているような感じもするし、なんか主張があるような気もするし。まあ、音的にも、詞的にも、本人の考え方にしても、いいバランスだったかもね。次の『二色の独楽』から、なんかひとつのウエイトが大きくなってきているよね。そういった意味では、安定したバランスじゃなくて、それはそれで面白いんだけどね。でも、少数派のバランスになっちゃってる」

それがわかっているなら話は簡単だ。「だったら、『氷の世界』のようなポピュラリティーのあるものを作ればいいじゃないか」と富澤が畳みかけると、

「きょう富澤に会って、わかって欲しいなと思うことは、最近のオレがどういうものを美しいと思っているかだね。それは冗談でもシャレでもなくて、歌に偉そうな響きがあるのって、もう駄目なんだな、オレ。そこら辺、たぶんまだ富澤なんか、歌にエラっぽい響きがあるとOKなんじゃないかと思うね。なんかそこに強い主張があったり、本人のそこに対する価値観みたいなのが歌に表れていると、それは非常にわかりやすいわけじゃないか。わかりやすいし、それもひとつの大衆に支持される要素かもしれないね。

でも、これからいく先々、歴史的な観点から見ると、さほどのことではないんだな。そこら辺のことは、いろんな人間がやっているからね。それより、なんて言ったらいいんだろう、なんの思想もなくて、それでいて快適に聴けるのがいいわけよ」

その頃の陽水は、しきりに〝快適〟という言葉を使うようになっていた。リスナーが〝快適に、

気持ちよく〟聴ける歌がもっとも理想的であって、それがいまの自分にとって曲づくりの指針である、と。

しかし、陽水の言う〝快適〟の真意が、富澤にはいまひとつ理解できないのだった。そこを陽水にぶつけてみた。

「言ってることがまだよく摑めないんだけど、『氷の世界』まではすごくわかりやすくて、それなりに訴えかけるものがあった。聴いていて「そうだ！」とうなずけるところがあったからこそ、ぼくなんかも共感したんだろうけど、はっきり言って、今の陽水の歌はよくわかんないよ、抽象的すぎて。

たとえば、アルバム『スニーカーダンサー』に相撲のことを歌った《事件》っていう曲があったじゃない。あれなんか、テレビで野球中継を見ていて、放送時間のために七回裏あたりで中継を切られたモヤモヤみたいなものがあるね。それが陽水の現状じゃないかな……」

富澤が例に引いた《事件》は、大相撲の本場所中に起きた架空の事件をテーマにしている。花道を引き揚げる勝ち力士を讃えようと背中をたたく観戦客の手のなかにカミソリが混じっていたという物騒なストーリーで、相撲協会は「相撲を観戦する人たちはみんな善人のはずで、こんな事件が起きるとは信じられない」と驚く。

相撲をネタにしたフォークといえば、私などはすぐに、なぎら健壱の「悲惨な戦い」を想起してしまうのだが、この曲の場合は取組中に力士の締込《しめこみ》（まわし）が落ちてしまうというコミックソングだったので、笑って済ますことができた。いっぽうで《事件》の場合は、テーマが重い。その重いテーマの詞に小室等がレゲエ調の軽快な曲をつけたところに、いってみればこの曲の妙味もあるのだが、富澤にはそれがあきたらない……。

陽水はこう抗弁した。

「あれを作ったときは、相撲を見に行く、力士が花道を帰るときに、肩や背中をお客さんにたたかれるわけだよ。そんな光景を見ていて、ふと、カミソリを持った変なやつがいて斬りつけても不思議はないと思った。ジョン・レノンが凶弾に倒れたように、ああいうことが日本で起きても不思議じゃないような傾向にきてるじゃない。昔だったら隣組がしっかりしていて、そういうヤバイやつは自然にチェックできたけど、現在は核家族化が進んで、変な人間をチェックできなくなってる。だから、気楽に肩などたたいているけど、そんな中に変なのがいるかもしれないと思って歌にしたわけさ」

ここで陽水が語っているテーマは実に深い。いまの日本は、はからずも四十年前に陽水が危惧したとおりの社会になってしまった。加速する核家族化とコミュニティーの崩壊が招いた凶悪犯罪が新聞の社会面で報じられるたびに、私は「優れた詩人は予言者である」という格言を思い起こす。しかしながら、富澤も指摘するように《事件》という曲から、優れた詩人の〝予言〟を即座に感得するのは難しい。同工異曲の陽水作品には「娘がねじれる時」「ミスコンテスト」などがあるが、この二曲と《事件》を比較すればメッセージ性やインパクトという点で、その差は歴然とする。

仮に《事件》が失敗作とすれば、その敗因の一端がレゲエ調の旋律にあったことは動かし難い事実だろう。が、小室がつけたメロディーにOKを出したのも、ほかならぬ陽水自身なのだ。こと楽曲制作に関しては完璧主義を貫く陽水が、まさか先輩格の小室にダメ出しできなかったという事情は考えにくい。とすれば、すべては陽水自身の判断であり、この判断そのものが陽水の主張であるという推論も成り立つ。主張とは「この歌をあまり深刻に受けとめないでほしい」という彼なりのメッセージである。あるいは、社会風刺色が濃い「娘がねじれる時」「ミスコンテスト」と同じアルバムに収録する手前、ある種のリミッターが働いたのかもしれない——。

このように、さまざまな推論や揣摩憶測《しまおくそく》を喚起してしまうほどに、この《事件》という歌は詞と曲がチグハグなのである。

富澤のいう「テレビで野球中継を見ていて、放送時間のために七回裏あたりで中継を切られたモヤモヤ」の拠って立つところも、このチグハグさにあるのだが、次の陽水の発言に富澤はさらに驚く。

繰り返しになるが、そもそもこの曲が醸しているチグハグの原因は、メッセージ性のある詞（核家族化や隣組の崩壊）とメロディーとの不均衡にあるのだが、陽水はそうしたメッセージの存在自体も不要だというのだ。

「（事件という曲には）そんな主張なりメッセージがあったわけだけど、今はそれもくだらないと思っている。歌に露骨な主張があると臭くなる。やっぱり、臭くない方がいいわけよ。面白く聴けて、相撲の歌（事件）じゃないけど、そんなことが引っかかればいいなと思ってる。しかも、露骨に引っかかるんじゃなくて、潜在的に心に残るっていうような、そんな曲がいいね」

ここにきて、陽水のいう〝快適さ〟の意味が朧気ながら富澤にも見えてきた。つまり、快適さとは小椋佳の発言にあった〝エンタテインメント性〟のことではないか。

しかし、現実に目を向けると、ここ数年間に発売された陽水のアルバムセールスは全盛期に比べて確実に激減している。『氷の世界』が百三十万枚、それに対して最近のアルバムは軒並みに十万枚そこそこである。〝落差〟があまりにも大きすぎる。陽水はこの現実をどう受け止めているのか？

「レコードセールスの数字というのは、前がそうだったように、つまり百万枚いかせようと思って百万枚いったわけじゃない。そんなことは、全然考えもしなかったわけじゃないか。これはオレのやり方であって、つまり、五十万枚、必ず今度のアルバムでいくんだとか、百万枚いくんだみたいな発想でものを作れないし、また、そんなことを考えない方が効果的だと思っているわけ。もちろんスタッフの間では売るということを当然考えて欲しいんだけど、オレ自身はアルバムを作るときに、今度はひとつ百万枚いかせようとか、そういう数字は意識しないね。

それより、どうやったら面白い音ができるかとか、面白い詞ができるかとか、快適にレコーディングできるかとか、いい状態でコンサートできるかとか……そういうことに集中している。

それで数字もたくさんいけば、めでたいことだし、食うに困らなければ、それなりに非常に満足しているわけ」

ここまで言われたら、もはやとりつく島はない。しかし、陽水の歌に誰よりも早く共鳴し、ヒットチャートを駆け上る陽水の姿にみずからを鼓舞し、ともにシラケ世代という烙印を押された若者たちの代弁者たらんと切磋琢磨してきたかつての〝ライバル〟をまえに、このまま尻尾を巻いて引き下がるわけにはいかないのだ。

そんな想いが、日頃は論理的で沈着冷静な富澤にこんな言葉を吐かせた。

「でも、オレは最近の陽水は少しも面白くないわけよ！」

あくまでも食い下がる富澤を、陽水はどんな眼で見つめていたのだろうか。いくら言葉を尽くしても真意を理解しようとしない朴念仁ぶりに辟易としたのか。それとも、歌をつくってレコードを売るという音楽ビジネスに、ここまで熱くなれる富澤を羨ましいと感じたか。たぶん、その両方だったのではないかと思う。

「もう一度言うけどさ。とにかく富澤に対して、わかって欲しいというのは……たしかに音楽ということで富澤も仕事しているし、こっちも音楽を作るということで接触するわけじゃない。ところが、オレというのは、もちろん音楽というのはこれまで仕事として十数年間やってきて、相当なウエイトもあるけど、そこに家庭があったり、他にマージャンのお付き合いがあったり、オレのまわりにもいろんな状況があるわけよ。オレとしては、井上陽水のプロデュースをする井上としては、全体に目を配ってるつもりなわけね。しかし、ときには音楽がおろそかになることもあるわけ。つまり、音楽とは別の方向に力を入れたいためにね。ただ音楽だけを見ていると、たしかに低迷ということになるけれどもね。

だから富澤にも、もうちょっと大きな目で、オレの考えとか動きとか、そんなことを見てくれるといいな、とまず思うね。音楽だけをピックアップすると、ああ、調子がいいなとか調子が悪いなということがあるけれども、もっと人間として、井上陽水というのを見れば、もうちょっと面白いんじゃないかと思うわけよ。

あんまりいつもいつも自分は音楽家だからというんで、曲を作る人間だからって、ずうっとそればかりやってても……あんまりいい方法だとは思えないわけよ。だから、音楽界以外の人との付き合いも多くなってきている、オレの場合。同僚には同僚の面白さもあるんだけれども、やっぱり外部の人間の方が全然面白いわけ。たとえば、マージャンをやってる人間とか、将棋をやってる人間とかね。それから文章を書いている人間とか、漫才をやってる人間とかね。タモリもそういう部類に入るんだけども。それから特殊な生活をしている人ね。つまり、非常に貧困な人とか、非常に金持ちな人とか、特別な肩書きを持った人ね。そういうのが面白いわけよ」

陽水がこんなふうに本音を吐露するのはきわめて異例なことである。もし対手が別のインタビュアーだったら、陽水一流のレトリックで軽くいなしていただろうし、それ以前にスーパースターの井上陽水を相手にここまで食い下がる取材者はいないだろう。ここに私は、アーティストと評論家という垣根を越えて本音でぶつかりあうことのできる、ふたりの特別な信頼関係をみる。それゆえに、陽水の発言の端々には富澤への愛情が見え隠れしている。そんなふうに感じられてならないのだ。

とにもかくにも、ここ数年のアルバムを聴くたびに胸底に堆積したモヤモヤとした想いを陽水本人にぶちまけたことは富澤にとってよかった。いつもの冷静さを取り戻した富澤は、長時間にわたったインタビューのまとめに入ろうと思った。

「陽水がどんなことに興味を持ち、どんなことを面白いと思っているのかはだいだい見当がついたけれども、陽水はいま、どんな気持ちで歌を作り、歌っているのかな。現在のアルバムを聴いたり、いままでの話を聞いている限り、とても昔と同じようには思えないけれど……」

「それはやっぱり快適なことなんだね。自分がなぜ歌っているのかなんて、やっぱりわからないわけよ。それは掛け値なしに本当によくわからない。ただそういうところで、自分がどういうことになっているのかなと考えると、やっぱり快適だということで音楽をやっていきたいし、快適だというところを向こう（リスナー）に伝えたいね。快適といってもいろいろあって、お涙ちょうだいもまた快適であったりするんだけれども、オレはもっとスマートにやりたいと思っている。だから、メッセージが盛り込まれている歌というのは、どうやって説明していいのかわかんないけど、そういう歌の稚拙さみたいなことが、もう少し富澤にわかるといいなと、まず思うわけ。歌に《人生》なんていうフレーズがあると、オレなんかシロいんだよね……。富澤はサザンオールスターズなんてどう思う？」

陽水のこの発言が、取材を終わらせようとしていた富澤の評論家魂に火をつけた。メッセージ性のある歌がそんなに稚拙なのか？　歌に人生というフレーズがあるとシラけるのか？

奇しくも陽水の口から出た《サザンオールスターズ》の桑田が発した、「フォークはイモ」という言葉が富澤の脳裡によみがえった。

「サザンは面白いと思うよ。何を言ってるのかよくわかんないけど、それなりに感じるからね。そうだ、そうだったのか……陽水が意識しているのはサザンだったんだね？」

「サザンに近いといえば近いかな。あれもかなり無思想だからね。メッセージなんかもないしね」

陽水がサザンにシンパシーを感じていることはわかった。が、両者の資質は一八〇度異なる。そこを富澤はハッキリさせたいと思った。

「でも、サザンの桑田は陽水が《頭》で考えていることを感覚でやってしまっている。それをサザンの聴き手たちは、同世代の持つ《感覚》でとらえてしまう。その結果、サザンは時代の寵児になっている。ところが、陽水は頭で考えている分ストレートさに欠けるので、若者たちにはアピールしにくい。逆にぼくを含めた陽水の昔からのファンは頭で必死に理解しようとするので、結果、陽水の表現したいことがなんとなく不鮮明になってしまう。結果として、陽水の場合には昔の歌の方がわかりやすくて良かったと、ぼくらは余計にそう思い込んでしまうんだよ」

ややあって、最後に陽水はこう呟いた。

「だから、頭だけでなく、その感覚を血とし、肉とするように、ここ四、五年は頑張ってきたんじゃないか……」


こうして陽水との対話を終えた富澤は、こんなふうに考えた。

フォークでスタートした陽水は、『氷の世界』でフォークという山の〝頂〟に立った。

そして次にめざしたものは、それよりももっと大きなエンタテインメントの世界だった。その世界をめざすにあたって、陽水は表現手段を〝フォーク〟から〝ポップス〟に変えた。

つまり、陽水は、小椋佳の表現を借りるなら、〝偉大な芸術家〟になる道ではなく、〝エンターティナー〟への道を選択したということだ。

自らが築きあげた「フォーク」という世界をより深めようとはせず、「ポップス」という、よりマスプロ的なエンタテインメントの世界にチャレンジしようとする陽水。

これもひとつの生き方である、と富澤は思った。

終章

覚めない夢

井上陽水『LION & PELICAN』(82 年、フォーライフ)

■それからの井上陽水

一九八一年、陽水は「ジェラシー」のスマッシュ・ヒットにより、久しぶりに音楽シーンの表舞台に返り咲く。

スポーツ紙は「〝長者番付〟姿消して三年　復活！　陽水神話」という見出しを掲げて大きく報じたが、これはあながち大仰な表現とはいえないだろう。この曲でニューミュージック界に独特のプレゼンスを示した陽水は、三年後にやってくる《第二次陽水ブーム》へ向けて、コアな陽水ファンの度肝を抜くような積極果敢なアクションを連発していくことになるからだ。

ちなみに「ジェラシー」はアダルトなラブソングである。この曲からは微塵の「軽さ」も感じられない。軽さの極限を追求する実験的遊戯については前作のアルバム制作を通じて、自分なりの知見を得たといえるかもしれない。あるいは、あえて「軽さ」へ逆行する試みとしてこの曲を発表したのか……などと想像は膨らむけれど、作者の弁はこうだ。

「何か当時、僕はすごくカミさん（石川セリ）に嫉妬してて、その嫉妬の心というのをずーっと書いていって、マイナー調のギターを〝チャリ～ン　チャリ～ン〟て弾きながら、最初はその書いたものの朗読だったんですよ。それを（ディレクターの）金子章平に聴かせてね〝どうかね？こういう冗談は？〟って言ったら、〝いやー、やっぱりメロディがないとマズいだろう〟っていうことになって、それでメロディをつけた曲ですよね」（『月刊カドカワ』一九九二年五月号）

真偽のほどはともかく、もし冗談でこの曲をつくったのだとすれば、まるで灰吹きから蛇が出たような話ではある。全盛期には及ばないものの二十万枚のセールスとなったこの曲で、はからずも陽水は「いっそセレナーデ」で実を結ぶアダルトを対象としたムーディーでポップな世界への可能性を展くことになるのである。

ハンドバッグのとめがねがはずれて、化粧が散らばる。波がそれを海の底へ引き込む。ワンピースを重ね着する君。むなさわぎで夏が来るのが恐い――言葉のスクリーニングにはいっそうの厳格さが加わり、省筆された歌詞から立ちのぼる得も言われぬシュールな情景は「リバーサイド ホテル」と双璧をなす。

前作のアルバムでは完成にいたらなかった「詞はトンチンカンなんだけど、全体を通すとトンチンカンなりに何かが伝わる」という理想の境地が、ここに形象化されるのである。

そうした境地を享受するのはわれわれリスナーだ。これを是とするかどうかは聴き手の感性によるが、一度その世界を受け容れたら、二度と足抜け不可能な磁力にがんじがらめになることを私は保証したい。その魅力を問われれば、次の武満徹のコメントを引用すれば十分だろう。

「陽水さんの言葉って、感覚的なんです。でも、それでいいの。理屈なんて後から来ればいい。最初に理屈があって言葉が出てきたら、それだけ容れ物が小さくなるに違いないんだから」

「言葉にしても、ロジカルに言ってることがわかる、というんじゃなくて、彼から伝えられた言葉によって、僕らはいままで決められていた言葉の意味や枠から解き放たれて、もう一回自由に言葉を受けとめられる」

「あなたは単にメディアというか、卑弥呼みたいな存在で、あなたが歌う歌をそれぞれが受けとめて、それぞれの歌に変えて聴く。そんなすばらしいことができるのは、うらやましいよねえ」

（『広告批評』一九九二年三月号）


一九八二年は複数の傑作が誕生した豊穣の年でもあった。

七月にはシングル「リバーサイド ホテル」をリリース。しかし、この時点ではほとんど話題にならず、ヒットチャートにはその影すらない。「ジェラシー」の余勢を駆ってアダルト路線で攻めないところが「同じことをやりたくない」陽水らしい。それどころか、この曲で彼はまたもや横紙破りの実験に挑んでいる。すでに書いたように、トートロジー（同語反復）をこれでもかと駆使して、トンチンカン路線をばく進する。しかし、全曲を何度も聴き込んだ後に立ちあがる異空間のイメージと、この世のものならぬシュールな情感は「ジェラシー」をはるかに上廻るものがある。想像を凝らせば、先に述べた「今夜」で描かれた彼岸の道行きの別バージョンにも思えてくる。愛のない二人がベッドで魚になったあと、「川に浮かんだプールでひと泳ぎ」するシークェンスはひときわ秀逸だ。

さらにこの年の十二月、陽水は『氷の世界』と双璧をなす傑作アルバム『LION & PELICAN』を発表する。

収録曲中「とまどうペリカン」「カナリア」の二曲は陽水の全作品中で頂点の座を争う最高傑作であり、デビュー十年にして到達した才人陽水の記念碑とも賞すべきマスターピースである。未聴の読者も、繰り返し聴き込んだ読者も、ぜひ《ライオン》を女性に、《ペリカン》を男性に、《カナリア》をあなたの愛する人に置き換えて聴き直してほしい。そうして、武満のいう「いままで決められていた言葉の意味や枠から」解き放たれた瞬間の驚きを体感していただきたいと思う。

加えて同じ十二月には、陽水が全十曲を作詞・作曲した沢田研二のアルバム『ＭＩＳ ＣＡＳＴ』が発売になる。

「最初はほんの一、二曲ってことだったけど、もし十曲作って先方に持って行ったら向こうはビックリするだろうなぁって、曲のタイトルだけ思いついたの百くらい書きだして、それから十に絞って曲にしてったの覚えているけどね」（『月刊カドカワ』一九九二年五月号）

このようにサラッと当時を振り返る陽水だが、当初からアルバムの全曲を自分の作品で埋めたいという強い願望を持っていたのではないか、と私は想像する。

歌うのは天下のスーパースター沢田研二である。彼のアルバムを制するメリットは大きい。いっぽうで、陽水からいきなり十曲を呈示された沢田も、さぞ仰天したことだろう。

沢田ファンには異論もあろうが、どう聴いてもこのアルバムを成功作と断じるにはいささかの躊躇を禁じ得ない。陽水があまりにもジュリーというイケメンのアプリオリなイメージにとらわれ過ぎたことによって、曲のバリエーション＝描かれた世界が平面的になってしまったこともあるが、陽水のトンチンカンな詞を沢田が歌いこなすにはやはり無理がある。とくに後者については、陽水がセルフカバーした「背中まで45分」「チャイニーズフード」「ジャスト フィット」などを聴けば、その差は〝一聴瞭然〟である。

とまれアルバムの成否はともかくとして、陽水とジュリーという異なる地平に立つ二人による意表を突いたコラボレーションが、当時のミュージックシーンに少なからぬ話題を提供したことは事実であり、同時にソングライター陽水の美名をあらためて内外にアピールすることにもなった。意表を突いたコラボといえば、翌年オンエアされた音楽番組で中森明菜と初共演。二人はデュエットで「銀座カンカン娘」を披露したが、これも天の配剤といえようか。

こうして迎えた一九八四年、日本中のテレビから陽水の歌声が流れ出す。

ウイスキーのＣＭに「いっそセレナーデ」が採用され、しかもこのＣＭに陽水みずから出演してしまうという、コアな陽水ファンや業界関係者にとって驚天動地の椿事が出来したのだ。

陽水の甘い歌声は、このＣＭではじめて彼を知った十代の若者たちや、名前は知っていても日本のフォークソングに無関心だった五十代、六十代の女性たちの心までを、がっちりと摑んだ。

そのいっぽうで、悩める若者の代弁者として「私だけの陽水」を追い続けてきたフォーク世代のファンのなかには、〝コマーシャリズムにとりこまれた堕落した陽水〟から離れていく者も少なくなかったが、それを上廻る新たなファンを獲得したことで、彼は「私だけの陽水」から「みんなの陽水」へと華麗な転身をとげたのだった。

いまや自他ともに認める「エンターテイナー」として生まれ変わった陽水の快進撃はさらに続く。

この年に陽水が提供した「飾りじゃないのよ 涙は」［作詞と作曲］（中森明菜）と「恋の予感」［作詞のみ］（安全地帯）、前年の「ワインレッドの心」［作詞のみ］（安全地帯）が、軒並み大ヒット。さらに年末にリリースしたセルフカバー・アルバム『9・5カラット』がレコード・CD・カセットテープの各メディアで首位を独占。『氷の世界』以来、二度目のミリオンセラーに輝く。

翌年、かつて富澤一誠が審査員を辞退したレコード大賞の授賞式で、陽水は作曲賞とアルバム大賞をダブル受賞。国民的アーティストの仲間入りを果たした。

これ以降、陽水はマイペースを維持しながら順風満帆といえるアーティスト活動を示し、八八年にはクルマのCMに出演して「お元気ですか?」と視聴者に呼びかけ、ドラマのテーマ曲に起用された「リバーサイド ホテル」が初出から六年を経てヒット。翌年からはニュース番組のエンディングに「最後のニュース」が流れ、九〇年には「少年時代」を大ヒットさせる。

九〇年代になると、奥田民生とのコラボでPUFFYに「アジアの純真」を提供。九九年にリリースした二枚組の『GOLDEN BEST』は二百万セットを突破するダブルミリオンを記録する。

二〇一九年、アンドレ・カンドレ時代から起算して、デビュー五十周年を迎えた陽水のツアー・タイトルは「光陰矢の如し　少年老い易く学成り難し」であった。

陽水が歩んだ五十年。それは日本人アーティストとして初の快挙となった『氷の世界』の栄光からスキャンダルの奈落へと落ちこみ、さまざまな試行錯誤を通過して不死鳥のように甦った八〇年代を経て、ついに国民的ミュージシャンの地位にまで上りつめた、福岡出身のシンガーソングライターのサクセス・ストーリーであり、天国と地獄を体験した男のドラマティックな半世紀でもあった。

それにしても悩める若者たちの代弁者といわれた〝お化けキノコの青年〟が、なぜかくも長い期間にわたって気まぐれな大衆から支持されてきたのか。

陽水と深い親交を重ねたジャーナリストの筑紫哲也は対談のなかで、次のようにコメントしている。

「僕はこの何年かでさ、陽水さんがつくった世界にようやっと世間が追いついたんだという気もするのね。それまで世間のほうが追いつけないでね、ようやっと世紀末かなんかになって、ややシュールなのがわかってきて、気分としてそういう気分になったんだろうと思うな」(『朝日ジャーナル』一九八五年二月八日号)

創造者としての陽水の本然が奈辺にあるのかは依然として不明のままだ。実際にそんなものがあるのか、ないのかもわからない。その意味で、陽水はこれからも《不定形のシンガーソングライター》であり続けるのだろうと思う。そんな陽水のアンビヴァレントな人物像について、筑紫は〝ワカンナイ〟といいながら、こんな文章も遺していた。

「天才は常人とはちがう思考と感性の回路を持っていなくてはならぬ。有体に言えば、ひねくれていなくては天才じゃない。それも、ひねくれが見え見えでは天才とは言えぬ。ただの奇才だ。ひどく率直に見えるのが、もうひと回転したひねくれの表現であって、常人にはそれとわからぬくらいにならないと天才ではない。簡単に解釈されてしまうことなど、天才の沽券にかかわることで、もっての外だ。

「傘がない」などの初期作品で、大状況を横目で見ながら、見事にそれに足払いをかけて三無時代（無気力・無関心・無責任）の教祖的存在と目されたことなど、身から出た錆とは言え、さぞかし迷惑千万なことであったろう。

以来、ふてぶてしくもシャイに、ぐうたらにも自分をとぎすまし、やさしげに目くらましをかけ、皮肉たっぷりに素直になり、いたずら心いっぱいに毒を盛り、いっそ楽しげに落ちこんでみたりしながら陽水はやってきた。いや、そのすべてが逆だったかもしれず、そのどれでもなかったかもしれない。ワカンナイ。何しろ天才なのだから。そして、それもいいことなのだろう」

（『広告批評』一九九二年三月号）

■それからの富澤一誠

一九八四年、富澤一誠は十三年間にわたってフォーク評論家としてペンを執ってきた自身の総決算ともいうべき『ぼくらの祭りは終ったのか——ニューミュージックの栄光と崩壊』を上梓する。

いまではニューミュージック評論家と称《よ》ばれてはいるが、自分の背骨はあくまでもフォークである。しかし事実上、フォークはポップスに駆逐され、いまやニューミュージックという大洋に浮かぶ小さな手漕ぎ船のような存在だった。

こうした現実に、かつてフォークのプリンスといわれた吉田拓郎も井上陽水も手を束《つか》ねるばかり……というならまだしも、自らが歌謡曲に、ポップスに、歩み寄ろうとしているではないか。これはいったいどうしたことか。彼らは自分たちが築いたフォークという王国を捨ててしまったのか？　彼ら自身の口から、そのことをはっきり聞かなくてはならないと富澤は思った。

拓郎には原宿のしゃぶしゃぶ店で会った。ウイスキーのグラスを片手に、拓郎の放談は延々三時間に及んだが、富澤が期待したような言葉は一言も聞かれなかった。

かたくなにテレビを忌避してきた拓郎が化粧品のＣＭソングを歌ったことについて、彼はこう言った。

「あれはないよな、うたっちゃいけない歌だ。オレに対して思い入れがある人に対して絶対うたっちゃいけない。言われたさ、なんでお前が今さらCMソングなんだってね。でも、関係ないよ。オレは自分自身のためにうたってんだから、流れの中でどうのこうのという気分じゃないね。ファンに責任は持てないよ。そんなオレを〝いらん〟というなら、勝手に生きればいいんじゃないか」（富澤一誠『ぼくらの祭りは終ったのか』）

ファンに責任は持てないよ……拓郎がそう断言したとき、富澤は「この野郎！」と思った。しゃぶしゃぶと水割りを交互に口に運びながら、平然とそんな台詞を吐いた拓郎が許せなかったのだ。

『ぼくらの祭りは終ったのか』を書き終えた富澤は、二度と吉田拓郎について書くまいと心に決めた。拓郎の「今日までそして明日から」を聴いて人生が変わり、音楽評論家の道へ足を踏み入れた富澤が、「拓郎、あなたの歌にはもう共感できない」と宣言したのだった。

《ニューミュージックの栄光と崩壊》というセンセーショナルなサブタイトルが付されたこの本は、音楽業界に大きな波紋を拡げることになる。

ニューミュージック界のある大物プロデューサーは、

「こういう本を書くんであれば、まずあなたが帰属しているところを明確にすべきだ。アーティストに帰属するのか、大衆に帰属するのか、それとも自分の信条に帰属するのか……。それがわからないかぎり、ぼくは冗談じゃないと言いたい」と、怒り心頭に吐き捨てた。また、ある業界関係者は、

「あなたはニューミュージック業界にいて、ニューミュージックのアーティストのことを書いて食べてきたんでしょう。その意味では、アーティストがいたから食べられたんじゃない。それがニューミュージック（フォーク）が落ち目になったからといって、アーティストはアーティストで頑張っているのに、ニューミュージックは終わったはないんじゃないか……」と罵った。業界からこうしたリアクションが涌き上がることを富澤は予測していた。それでもなお、やむにやまれぬ心情と覚悟をもって富澤はこの本を書いたのだった。

ぼくがあえてこの本を書いたのには深い訳があるのだ。それは――ニューミュージックに批評が存在するのか？　換言すれば、音楽ジャーナリズムは存在するのか？　という問題意識である。

残念ながら、ぼくは真の音楽ジャーナリズムは存在しないと思っている。なぜか？　表面的にはもっとも自由でしなやかに見えるニューミュージック界だが、売れているアーティストに帰属してしまうという悪しき風潮――事大主義があるからだ。まず、アーティストの周辺のスタッフが自分の思っていることを言えなくなってしまう。そのために、アーティストが〝お山の大将〟になり、自分自身を見失いがちになる。そして始末が悪いのは、アーティストの威光を借りたキツネたちが、第三者に対してもアーティストに帰属するように強制してくるということだ。

それが高じた結果、ニューミュージック（フォーク）は〝裸の王様〟となり、気が付いたときには崩壊の危機に瀕していたというのが現状だ。だからこそ、裸の王様ではいかん——そう思ったからこそ、この本をぼくは書いたのだ。そんなぼくに対して「裏切り者」とののしる奴がいた。ぼくが裏切ったのではない。キミたちが転向したのではないか……というのが正直な気持ちである。（前掲書）

この本に共鳴するアーティストもいた。谷村新司もその一人だった。

「レコードがヒットチャートで何位になったとか、そういう次元にはいたくないんですよ。レコードをうたう以上はそこにいなくちゃいけないというのはもう頭の中ではわかっているけど、それが目的じゃない。もうそれはアリスが終わったときからそう思ってたから。そんなことはどうでもいいことだ。歌を通じて人に出会うということが一番大事で、その歌が何位になったとか、何枚売れたとか、さほど大きな問題じゃない。だから、レコードがそんなに売れなくてもかまわないじゃないって思うんだけどね」と語る谷村には、心に秘めたある計画があった。

「オレはオンリーワンになろうと思っている。そのために、これからの三年間で三枚のアルバムを作ろうと思っている。一枚はロンドンでロンドン交響楽団と、一枚はパリでオペラ座管弦楽団と、そしてもう一枚はウィーンでウィーン交響楽団と作ろうと思っている。いうなら、〝ヨーロッパ三部作〟だ。たぶん、セールス的には売れないと思う。でも、これをやっておかないと、オレは前には進めないと思っている。一誠だったら、オレの気持ちをわかってもらえるんじゃないかな。もしもオレのやることに興味を持ってくれたら、オレに付き合ってくれないかな。ヨーロッパ三部作、オレの側にいて、すべてを見届けてくれないかな」

谷村の申し出に、富澤は一も二もなく応じた。アリスでナンバーワンを獲った男が、ソロ・アーティストでオンリーワンをめざす。そのプロセスを、勝負を、アーティスト本人の至近距離から見届けることができるのだ。同時にそれは、かつて音楽評論家として掲げた《ナンバーワンからオンリーワンへ》というメッセージがどこまで届くのかを確認する作業でもある。

谷村のチャレンジに触発された富澤の心には期するものがあった。いまあらためて《ナンバーワンからオンリーワンへ》を評論のキャッチフレーズに掲げて、拓郎、陽水、南こうせつ、小椋佳、さだまさし、松山千春、中島みゆき、五輪真弓……など、かつてナンバーワンをきわめたビッグ・アーティストがこれからどこへ進もうとしているのか、基本テーマをその一点にしぼって書きはじめようと思った。その想いの底には「かつてフォークと称ばれたニューミュージックを最後まで見届けてやる」との不退転の覚悟があった。だから妥協はしない。本音をアーティストにぶつける。間違っても心にもないオベンチャラを並べて彼らを〝ヨイショ〟するような文章は書くまいと心に決めた。

ところが、そんな富澤の決意を受けとめてくれる音楽雑誌はすでにどこにもなかった。

あの「新譜ジャーナル」さえが、編集方針をニューミュージックからロックにシフトしていた。

フォークの老舗だけあって拓郎だけは根強くフォローしてはいるものの、記事からは拓郎の本音が伝わってこなかった。富澤は口をきわめていう。

読者のニーズにこたえるためには、今売れているアーティストをどんな形にしろ、誌面に登場させなければならない。これは雑誌として〝商品〟なのだからいたしかたないことはよくわかる。しかしながら、問題なのはそれが高ずると、売れているアーティストへの帰属ということになる。（中略）その行きつく先はもう目に見えている。アーティストの機関誌である。（富澤一誠『音楽を熱く語るたびに夢が生まれた！』）

一九八九年、富澤は「新譜ジャーナル」への断筆を同誌上で宣言する

音楽評論家＝富澤一誠の生みの親であり、デビューから十八年間も書き続けてきた雑誌と訣別するのは断腸の想いだったが、自分の志向する音楽ジャーナリズムを貫くためには他に方法がなかった。

あえて断筆を宣言することで編集サイドに何らかの啓発を促す一助になれば……という一縷の望みもあったのだが、「新譜ジャーナル」は翌年に廃刊。フォークからニューミュージックへと移ろうなかで、二十二年間にわたって第一級の情報を読者に提供してきた老舗雑誌が、その役割を終えた。

九〇年代以降、富澤は主戦場を出版メディアから放送メディアへと移し、幾多のラジオ番組やテレビ番組を通じて、自分の想いを視聴者に訴えることに専心する。

その想いとは、どんなものか？

そもそも批評というものには「売れているヤツを斬る」か「これからの人を持ち上げる」かの、どちらかしかないわけです。いまの私のスタンスは《音楽のスポークスマン》ですから、自分の好みは別として、売れている曲を否定する必要はない。売れている曲というのはビジネスとして成功しているわけですから、それなりの理由はあるわけですよ。

ただ何度も言っているように、「売れている曲＝いい曲」ではないし、「いい曲＝いい歌」ではないということです。「売れてないけど、いい歌はいっぱいあるよ」ということは、これからも声を大にして伝えていきたい。それが私の使命でもあると思っているので。（富澤一誠・辻堂真理『音楽でメシが食えるか？』）

■覚めない夢

先述した自著『ぼくらの祭りは終ったのか』で拓郎の歌と訣別した富澤はそれ以降、拓郎の歌について評論の筆を執ったことは一度もない。より正確にいえば、両者の絶交関係はいまだに継続している。だからといって富澤は拓郎を〝見限った〟わけではなく、すべてのコンサートには欠かさず通い、すべてのアルバムには必ず耳を傾けてきた。拓郎の動静を注視することもまた、富澤にとっては「ニューミュージックを最後まで見届ける作業」にほかならないのである。

陽水に対しても同様だ。たとえ活字にならなくても、彼のコンサートやアルバムを聴き逃したことは、これまで一度もない。「いっそセレナーデ」を聴いて、「陽水のやりたかったことをようやく理解した」と語る富澤は、かつての〝ライバル〟井上陽水についてこう語った。

「八八年にドラマの主題歌に起用されたことで《リバーサイドホテル》がリバイバル・ヒットしたわけですが、これは陽水が主張してきた〝何の思想もない歌〟が一般リスナーに浸透し、受け容れられたということです。かつてぼくたちが熱狂し支持した〝みずからの内面を率直に吐露した緊張感のある歌〟も、陽水自身にとっては数ある方法論のなかの一つでしかなく、〝何の思想もない歌〟もまた、その一つに過ぎなかった。つまり、ぼくたちが〈本質〉だと思っていた部分は、陽水の魅力のごく一部分でしかなかったということです。

そんな陽水さんの〈真意〉にようやく気づいたときのぼくの心情は、孫悟空が地の涯だと信じ込んでいた場所が、実はお釈迦様の掌だった……そんな事実を突きつけられたようなものだった。

喫茶店の片隅ではじめて言葉を交わしてから五十年、その間ずっと陽水さんの浮沈盛衰を近くから遠くから、つぶさに観察してきました。そんなぼくがいまあらためて思うのは、陽水さんという人はまさに〝時代のサーファー〟だな、と。吉田拓郎が我々を代弁する〝時代のヒーロー〟だとすれば、陽水は時代がどんなに変化しようと、その時代の波をうまくとらえて乗りこなしていく。

陽水さんはその先駆者であり、時代の波を乗りこなす抜群のセンスは昔も今もこれからも、けっして古くなることはない。彼の曲が平成や令和生まれのミュージシャンやリスナーたちに支持される理由も、ここにあると思います。その意味で、常に我々の一歩も二歩も先をいく井上陽水は、どんな時代になっても〝カリスマ〟でありつづけるのでしょう」

友情や反目……さまざまな葛藤や相剋の時代を経て、思いの丈のすべてを語った富澤は、これからも陽水の一挙一動に目と耳を凝らしながら、彼の行きつく先を見届けたいと念じている。

拓郎の引退表明を受けて、一部のマスコミは陽水の引退をまことしやかに伝えたが、私はこの噂をまったく信用していない。コンサート・ツアーが途絶えて久しいが、この程度のブランクは彼にとって珍しいことではないし、なにしろ〝潜行〟することにかけては同郷の高倉健もかくやという、超一流の腕前を誇る陽水なのだから。

富澤はいう――。

「陽水は引退宣言なんかしないでしょうね。もともと自分でこう決めたから、こうしたい……ということを公の場で口にするタイプじゃない。むしろ、何もしない、何も言わない方が陽水っぽい。なにしろ尻尾をつかまれるのが嫌いな人だから、最後の最後まで彼は尻尾をつかませないでしょうね。

尻尾をつかませないというのは――つまり私たち評論家は楽曲について、ああでもないこうでもないと解説するのが仕事なわけです。だけども解説されてしまったら、その曲はそれで終わりなんですよ。解説できるような材料や前例が過去にあったということですから。そんな曲は新鮮でもなんでもない。陽水さんは誰にも解説できない歌をたくさん作ってきた。誰もやらなかったような、過去に前例のない曲ばかり作ってきたということです。だから陽水の曲というのは、良くも悪くも常に新鮮で刺激的だった。

陽水さんの発言や行動には理解しにくいところがあります。彼には何度もインタビューしてるけども、何を言っているのかわからない。中島みゆきもそうなんだけど、核心に迫るとスルッと逃げちゃう。だから活字にするのが難しいんですよ。つまり、なかなか尻尾をつかませない。

そんな彼のことだから、もちろん引退宣言なんかするわけありません。潜行するなら潜行したままでいいんじゃないですか。そういえば最近、陽水を見ないけど、彼はどうしてるんだろう？じゃ、スマホでちょっと調べてみようか……なんてね。そんな感じが陽水っぽくていいですよね。シンガーソングライター系はもともと好き勝手にやってきたんだから、また歌いたくなったら歌えばいい。それで怒る人は誰もいないわけですから」

いっぽう陽水本人は三十六年前のインタビューで、こんな発言をしている。

「野球でも相撲でも、いさぎよく花のあるうちに辞める人もいれば、花もしおれ、涙はちぎれ、ズタズタになってもやってる人がいますね。僕もね、どうもボロボロになってもやっていきそうな気配がしているんです……」（『ＷＩＴＨ』一九八七年）

ぜひボロボロになっても歌ってほしい。ギター一本で「傘がない」を歌う枯れた陽水を一度は見てみたい気がする。

それは冗談としても、コロナ禍が収束しつつあるいま、陽水の新曲とステージを待ち望んでいるのは私だけではあるまい。

二〇一四年にオンエアされたトーク番組「みんな子どもだった」（BS-TBS）にゲスト出演した陽水は、ホストの倉本聰から〝わからない詞〟が多い理由を尋ねられて、こう答えている。

「（わからない歌詞は）多いですね。ぼくにとってみればつまらない（時代）ですけど、でもね、百歩譲っていまの時代ということを鑑みれば、いまの時代って（ぼくの推測ですけれど）あまりいろんなことを明確に露骨に提示していくっていうと、too muchなのかもしれないですね。もう本当に人々は毎日生活にアップアップで、本当に痩せ細って……精神的にね。

そういう人のまえに〝そうです〟〝こうです〟って……もうちょっと、ぼんやりした形じゃないと受け付けないというか、もっとファジーに、もっと柔らかく、もっとオブラートに包んで……。そうしないと〝ちょっとヘヴィーです〟っていう人が多いのかもしれないですね。何か言ってほしいけど、ハッキリ言わないで、とかね……」

何か言ってほしいけど、ハッキリ言わない――十分な充電期間を経て、次回作ではどんな言葉の魔力で私たちを惑わせてくれるのか。陽水の進化に期待はふくらむ。

Jポップの時代である。

過日、二十一歳の大学生に「ニューミュージックって知ってる?」と問うてみたところ、「聞いたことはあるけども、死語ですよね」というリアクションが返ってきた。

ニューミュージックという祭りは終わったが、富澤はいまも《エイジフリー・ミュージック》という旗印を掲げて、〝いい歌〟の発見と普及に心血をそそぐ日々をおくっている。


二〇〇八年の「オリコン」を見ていてふと思った。邦楽は「Jポップ」系と「演歌・歌謡曲」系と二つのジャンルに分けられるが、この二つのカテゴリーに入らないジャンルが生まれつつあるのでは、と。たとえば秋川雅史の「千の風になって」は、演歌・歌謡曲とは言い難いし、さりとてクラシックでもない。同様に、すぎもとまさとの「吾亦紅」は演歌・歌謡曲に近いが断定はしにくい。秋元順子の「愛のままで……」もなんとなく演歌・歌謡曲に入れられてはいるが、何か引っかかるものがある。

そこで私は考え抜いて命名することにした。彼らのような大人の歌を歌える実力派アーティストを「エイジフリー・アーティスト」と。年齢なんか関係ない。アーティストは実力がすべて。そんな意味もこめてエイジフリー・アーティストだ。そして彼らが作り出すJポップでもない、演歌・歌謡曲でもない良質な「大人の音楽」をエイジフリー・ミュージックと名づけたのだ。

と同時に、私は音楽評論家として高らかに「時代は今、エイジフリー・ミュージック、すなわ

ち大人の音楽を必要としています！」と宣言したのである。（『読売新聞』二〇二二年十一月二日夕刊）

二〇一六年、富澤はテイチクエンタテインメントが新たに創設したレーベル「Ａｇｅ　Ｆｒｅｅ　Ｍｕｓｉｃ」に総合プロデューサーとして参加。これまでにアルバム二枚、シングル十枚の「大人の音楽」をプロデュースしてきたが、いまのところ十分な成果をあげているとはいいがたい。それでも富澤が折れないのは、「売れるまでやり続けること。それが大人の音楽をリスナーに浸透させる唯一の方法である」との信念を持ち続けているからだ。

陽水が作曲賞とアルバム大賞を受賞した三年後、富澤はレコード大賞の審査員を引き受けた。もはやテレビも歌謡曲も敵ではない。断る理由はなかった。現在は日本作詩大賞の審査委員長として、セールスや知名度にこだわらず、いつまでも歌い継がれるような「永久歌《とわうた》」の発掘と、才能あるミュージシャンの顕彰に精力を傾けている。

二〇一八年、富澤は尚美学園大学の副学長に就任する。

音楽評論家が大学の〝副学長〟になるのは教育界でも稀有な例だが、これには理由があった。音楽を芸術としてだけでなく、エンタテインメントやビジネスとしてとらえ、どの教育機関にも先んじて「音楽ビジネス」を学問化したことで知られるこの大学で、将来の音楽業界をリードしていけるような真に有益な人材を育てたいという熱い想いがあったからだ。

この想いを実現するために、富澤は五十年におよぶ音楽ジャーナリスト生活のなかで積み上げてきた豊富な経験に加え、業界の最前線で蓄積してきた音楽ビジネスの知識とノウハウのすべてを、次代を担う若者たちに伝えようと日々奮迅している。

毎週木曜日の深夜、みずからDJをつとめるラジオ番組「Age Free Music!」（FM NACK5）で音楽を熱く語る富澤の声を聴いていると、古稀を過ぎてもなお褪《あせ》ることのない音楽への愛情をひしひしと感じる。

そうなのだ。かつて岡林信康のプロテスト・ソングが、拓郎のメッセージ・ソングが、陽水の叙情派フォークが彼自身の人生を大きく変えたように、音楽にはそれだけの力があると信じて疑わない富澤は、いまも夢の真っ只中にいる。

いい歌は、いつか必ずリスナーの耳に届く——。

彼が音楽の夢から覚めることは、たぶん終生ないのだろう。

主要参考資料

『ぼくらの祭は終ったのか』富澤一誠（飛鳥新社）
『ザ・ニューミュージック』富澤一誠（潮出版社）
『音楽を熱く語るたびに夢が生まれた！』富澤一誠（シンコーミュージック・エンタテイメント）
『「こころの旅」を歌いながら』きたやまおさむ・富澤一誠（言視舎）
『音楽でメシが食えるか？』富澤一誠・辻堂真理（言視舎）
『あゝ青春流れ者』富澤一誠（ホーチキ出版、CBS・ソニー出版）
『青春宿命論』富澤一誠（CBS・ソニー出版）
『ニューミュージックの危険な関係』富澤一誠（青年書館）
『あいつのクシャミ』富澤一誠（飛鳥新社）
『ユーミン・陽水からみゆきまで』富澤一誠（廣済堂出版）
『松山千春　さすらいの青春』富澤一誠（立風書房）
『さだまさし　終りなき夢』富澤一誠（立風書房）
『自分の［持ち味］を120%生かしきる法』富澤一誠（大和出版）
『俺の井上陽水』富澤一誠（KKロングセラーズ）
『井上陽水　孤独の世界』塩沢茂（講談社）
『井上陽水全発言』えのきどいちろう編（福武書店）
『青空ふたり旅』五木寛之・井上陽水（ペップ出版）

『音のそとがわで』井上陽水（サンリオ出版）
『ラインダンス』井上陽水（新潮社）
『綺麗ごと』井上陽水（集英社）
『媚売る作家』井上陽水（角川書店）
『驟雨』井上陽水・撮影＝操上和美（ツアー会場限定写真集）
『満月　空に満月』海老沢泰久（文藝春秋）
『井上陽水　FILE FROM 1969』（ＴＯＫＹＯ　ＦＭ　出版）
『広告批評　特集＝ぜんぶ陽水』一九九二年三月号（マドラ出版）
『月刊カドカワ　総力特集＝井上陽水』一九九二年五月号（角川書店）
『別冊カドカワ　総力特集＝井上陽水』二〇〇九年（角川マーケティング）
『ＰＥＮ　完全保存版＝井上陽水が聴きたくて』（二〇二〇年五月一日・十五日ＧＷ合併号）
『ボブ・ディラン』北中正和（新潮社）
『吉行淳之介をめぐる17の物語』相庭泰志＝構成（ＫＫベストセラーズ）
『70年代ノート　時代と音楽、あの頃の僕ら』田家秀樹（毎日新聞社）
『１９５０年代生まれの逆襲』福井次郎（言視舎）
※この他、井上陽水のツアーパンフレット、井上陽水関連のテレビ・ラジオ番組、各種ホームページの記事等を参考にさせていただきました。
※文中に登場する人物名は敬称を略させていただきました。

［著者］
辻堂 真理（つじどう・まさとし）
1961年東京生まれ。ノンフィクション作家。映画助監督、映画業界紙記者を経て放送作家。『そこが知りたい』『NONFIX』『ザ・ワイド』『スッキリ』など、150本以上のテレビ・ラジオ番組に携わる。埋もれた人物の発掘と、各界著名人の知られざるドラマの発見をテーマに取材を続けている。著書に『コックリさんの父　中岡俊哉のオカルト人生』（新潮社）、『麻布十番　街角物語』（言視舎）、『音楽でメシが食えるか』（共著、言視舎）がある。『相模経済新聞』にエッセーを連載中。

装丁………山田英春
イラスト……工藤六助
DTP制作………REN
編集協力………富澤一誠、田中はるか

最強の井上陽水
陽水伝説と富澤一誠

発行日❖2023年7月31日　初版第1刷

著者
辻堂真理

発行者
杉山尚次

発行所
株式会社言視舎
東京都千代田区富士見2-2-2　〒102-0071
電話03-3234-5997　FAX 03-3234-5957
https://www.s-pn.jp/

印刷・製本
中央精版印刷(株)

ISBN978-4-86565-248-2　C0073